LE PRINCE

Du même auteur

ESSAIS

Territoires d'Islam
Sindbad-Actes Sud, 1982

Majnûn et Laylâ
(en collaboration avec André Miquel)
Sindbad-Actes Sud, 1984

ROMANS

Musc
Albin Michel, 2000

Moore le Maure
Albin Michel, 2001

Le Système Boone
Albin Michel, 2002

Le Muezzin de Kit Kat
Albin Michel, 2004

Et le coucou, dans l'arbre, se rit de l'époux
Albin Michel, 2005

Le Vrai Cul du Diable
Le Cherche Midi éditeur, « Styles », 2009

Noon Moon
Le Mercredi des Cendres
Seuil, 2010
Points Thriller n° 2677

Percy Kemp

Le Prince

Conseils adressés à nos gouvernants, aujourd'hui malmenés par les événements, sur les nouvelles façons d'exercer le pouvoir et le meilleur moyen de le conserver

Seuil

ISBN 978-2-02-109886-0

www.seuil.com

«Faisons semblant de contrôler ces événements qui nous dépassent.»

Talleyrand

«Assieds-toi tranquillement au bord de la rivière, tu finiras par voir passer le cadavre de ton ennemi.»

Proverbe chinois, mais aussi bantou

AVANT-PROPOS

Princes sans patrie ni frontières

Depuis des temps immémoriaux, le jeu du pouvoir et de la domination se sera pour l'essentiel articulé autour du bras de fer opposant le Prince à ses ennemis de l'intérieur comme de l'extérieur. Très longtemps, ce jeu se sera d'ailleurs inscrit dans le temps long, et déroulé à un rythme lent. Au fil des siècles, des théories politiques et des doctrines militaires portant sur l'exercice du pouvoir comme sur l'art de la guerre se seront imposées, qui reflétaient cet état de fait et reposaient toutes sur l'identification d'objectifs stratégiques ou géopolitiques à atteindre face à un ennemi séculaire stable, identifiable et permanent : des Nykliens maniates[1] d'antan aux grands blocs géopolitiques contemporains, en passant par les cités italiennes

1. Les Nykliens du Mani, dans le sud du Péloponnèse, étaient des familles guerrières rivales habitant souvent le même village et qui, retranchées dans des tours fortifiées parfois distantes de quelques dizaines de mètres à peine, se livrèrent des siècles durant des guerres continuelles à coups de boulets de canon tirés sur le sommet de la tour du camp adverse pour causer son effondrement. [Toutes les notes sont de l'éditeur.]

rivales de la Renaissance, les États-nations territoriaux de l'époque moderne et jusqu'aux supporters de clubs de foot rivaux comme Lyon et Saint-Étienne, ou les Rangers et le Celtic de Glasgow.

Récemment, rien n'aura mieux incarné cette pérennité de l'ennemi, comme des enjeux stratégiques et géopolitiques qui lui sont liés, que la Guerre froide, nouvelle guerre de Troie qui opposa un demi-siècle durant le bloc socialiste mené par l'Union soviétique au camp occidental regroupé autour des États-Unis d'Amérique. En ce temps-là, de grands faisceaux, Est-Ouest, traversaient l'espace géopolitique, éclairant un ennemi permanent qui répondait toujours présent, et illuminant des enjeux et des objectifs aussi permanents que lui. Pour effrayants qu'ils fussent, notamment dans leur dimension nucléaire annonciatrice d'un Armageddon toujours possible, ces faisceaux Est-Ouest n'en avaient cependant pas moins été rassurants : par leur stabilité même, par leur inscription dans la durée, par les lignes rouges qu'ils avaient tracées et que les belligérants s'étaient bien gardés de franchir, et par les frontières quasi impénétrables à l'abri desquelles chacun pouvait se dire et se sentir chez lui.

Or, depuis la victoire, il y a un quart de siècle, du camp occidental qui, à défaut de lancer des missiles nucléaires sur son adversaire, avait eu l'excellente idée d'introduire dans ses murs un cheval de Troie rempli d'or et porteur de tablettes sur lesquelles étaient inscrites les lois du marché, l'espace géopolitique est devenu effroyablement lisse et ouvert : lisse, au point de ne plus offrir au Prince aucune prise, et ouvert au point de ne plus lui donner aucun repère. Depuis, murs et murailles du passé se seront de fait docilement inclinés devant les exigences d'une nouvelle économie mondiale et d'un nouveau marché aux dimensions planétaires, et l'ancienne frontière qui avait jadis séparé le chez-soi de l'étranger se sera estompée face aux torrents du libre-échange et de la libre circulation des biens, des personnes, de l'information et des idées.

Du jour au lendemain, la distinction entre l'ami et l'ennemi s'effaça comme par magie, et l'ancien ennemi pérenne, si menaçant qu'il eût été, mais si rassurant aussi, céda la place à une pléthore d'ennemis qu'on pourrait, au mieux, qualifier de *ad hoc* : ennemis potentiels, ennemis en puissance difficilement identifiables et détectables, ennemis repérables uniquement dès lors qu'ils passeraient à l'action. Et si, du temps de la Guerre froide, un service de renseignement occidental tel le SIS britannique pouvait encore se permettre de planifier longuement et minutieusement, sur deux, trois, voire quatre ans, une opération visant à infiltrer un service adverse comme le KGB soviétique, parce que ce dernier était alors un ennemi pérenne et que les bénéfices escomptés d'une telle entreprise l'étaient tout autant, à présent, face à un ennemi aussi nébuleux et changeant que, disons, la mouvance islamiste d'Al-Qaïda, qui aura en partie remplacé le vieil ennemi communiste d'hier dans l'imaginaire et les préoccupations du Prince occidental, une manœuvre d'infiltration à long terme, engagée à grands moyens et à grands frais, permettrait au mieux de pénétrer un groupe terroriste donné à l'exclusion de tous les autres, et de faire échouer un seul attentat à l'exclusion de tous les autres.

Ayant très longtemps évolué dans un espace organisé en échiquier, où les pièces étaient toutes aussi identifiables que programmées, le Prince se sera finalement retrouvé au sortir de la Guerre froide évoluant dans un espace qui tenait moins de l'échiquier que du damier. Un damier sur lequel, contrairement aux échecs, les pièces sont dédifférenciées, pions anonymes se ressemblant et se valant tous, le plus insignifiant pouvant, au gré des circonstances et par sa seule situation sur le damier à un moment donné, devenir une reine adverse et, pour le Prince, un ennemi mortel.

Les savants traités des grands maîtres des échecs, sur lesquels il s'était jusque-là appuyé, ne lui étant alors plus d'une grande utilité, le Prince, grand joueur d'échecs lui-même mais contraint par la force des choses à jouer aux dames, se fit donc violence et entreprit diligemment d'apprendre sur le tas. Les anciennes doctrines militaires sur l'équilibre des forces et de la terreur entre les grands blocs cédèrent alors chez lui la place aux exposés sur la guerre asymétrique, la stratégie s'effaça devant la tactique, les plans quinquennaux s'estompèrent devant les mesures qu'il fallait prendre à chaud, et à la vision à long terme se substitua chez lui le pilotage à vue.

Ce qui, pour autant, ne fit pas de cet excellent joueur d'échecs un bon joueur de dames. L'ennemi auquel il pouvait être confronté un jour donné ne se confondant plus nécessairement avec celui qu'il avait pu affronter la veille, il lui devenait en effet de plus en plus difficile de parfaire sa connaissance de l'adversaire. En outre, une guerre ne ressemblant désormais plus à celle qui l'avait précédée (*la* guerre asymétrique n'existe pas vraiment, seules existent en réalité *des* guerres asymétriques, à prendre au cas par cas), il lui devenait aussi de plus en plus difficile d'acquérir de l'expérience, puisque l'expérience demeure tributaire de la récurrence. Enfin, en s'entêtant à vouloir donner à son ennemi un nom et un visage stables et reconnaissables pour, à la fois, le diaboliser et se rassurer lui-même, il aura négligé de s'interroger sur les conditions objectives qui profitaient à ce dernier et servaient son dessein.

Pour toutes ces raisons, le Prince se sera retrouvé dans l'incapacité de s'appuyer sur une conception dynamique de l'exercice du pouvoir, qui résisterait à l'accélération du temps et au rétrécissement de l'espace auxquels nous assistons, ainsi qu'à la multiplication, qui en découle, des changements et des bouleversements.

En même temps que s'ouvrait et devenait lisse l'espace géopolitique, s'ouvrait de même façon l'espace économique, les exigences d'un marché désormais mondial mettant à bas les barrières douanières et les remparts protectionnistes du passé et bousculant les anciens prés carrés. L'impératif de croissance, avec ses nouvelles valeurs universelles de compétitivité et de profitabilité, battait de même allégrement en brèche les anciennes valeurs d'identité et de territorialité qui avaient jusque-là servi de socle à l'État-nation du Prince. De fait, si, après le krach de 1929, un président américain avait pu, par simple décision princière, lancer une politique ambitieuse de grands travaux et rendre ainsi vie à une économie moribonde, aujourd'hui, et comme l'atteste la peur panique qui les saisit, nos Princes peinent à trouver une issue à la crise économique et financière sévère qui nous touche, laquelle crise, et quoi qu'ils nous en disent, échappe totalement à leur contrôle : nulle décision qu'ils ont déjà prise ou qu'ils pourraient encore prendre ne peut en réalité y remédier avant l'heure, c'est-à-dire avant que l'abcès n'ait crevé pour se résorber ensuite de lui-même, à son rythme, en quelque sorte, et à sa guise.

S'il en est ainsi, c'est parce qu'en se confondant comme elle le fait désormais avec la croissance, la compétitivité et la profitabilité, en sortant aussi des limites, trop étroites pour elle, des frontières de l'État-nation pour s'étendre indistinctement à tous les coins et recoins de la planète, l'économie aura cessé d'être, comme son étymologie l'avait voulu, la somme des règles régissant la bonne gestion du foyer, pour devenir l'équivalent d'un organisme vivant qui n'obéit plus aux ordres du Prince mais à ses propres lois. L'économie est de fait aujourd'hui une divinité, un démiurge même. Elle est d'ailleurs parfois l'amie du Prince et parfois son ennemie, mais toujours elle reste son maître, et toujours elle garde une longueur d'avance sur lui.

Pour toutes ces raisons, mais également parce que la connaissance que le Prince pourrait avoir d'un ennemi qui a désormais mille visages différents importe moins que la compréhension qu'il devrait avoir des conditions propices à son avènement et des circonstances qui le renforcent, il m'a paru utile de proposer ici une nouvelle conception, plus dynamique, du pouvoir, et une nouvelle façon, plus maîtrisée, de l'exercer. Toutes deux devraient à mon sens permettre au Prince de reprendre l'initiative perdue et de contrôler à nouveau ce qui, et quoiqu'il s'en défende, doit lui paraître, de là où il se trouve, comme étant désespérément incontrôlable.

Ce n'est qu'alors, quand il aura assimilé cette nouvelle conception du pouvoir et maîtrisé cette nouvelle façon de l'exercer, qu'il pourra espérer redevenir maître de sa propre destinée, gouverner bien et longtemps, être en mesure, lorsque le moment sera venu, de choisir lui-même son successeur de sorte que son héritage politique puisse perdurer, et laisser à la postérité le souvenir d'un prince avisé et éclairé.

Tout cela, je l'exposerai dans ces pages de la manière la plus claire et limpide possible, loin de toute construction théorique et en m'appuyant constamment sur des cas concrets et des exemples pratiques. Je procéderai ainsi parce que cette nouvelle manière de penser la politique et d'exercer le pouvoir est tout sauf mystérieuse. Bien au contraire, pour qui veut bien la voir, elle est aussi évidente que le serait le nez au milieu de la figure. Pour lui être fidèle et lui rendre pleine justice, je l'aborderai donc et l'exposerai de la façon la plus simple qui soit.

Suivant en cela Démétrios de Phalère[1] qui conseillait au roi Ptolémée de lire des livres traitant de la royauté et du gouvernement car, lui disait-il, « ce que leurs amis n'osent pas conseiller aux Princes est écrit dans les livres », j'avais un instant envisagé de dédier cet ouvrage à quelque Prince d'aujourd'hui dont les qualités de commandement, de prévoyance et de bonne gouvernance auraient forcé mon admiration. Très vite m'était cependant venu à l'esprit ce mot de Denys le Jeune qui disait, lui, que s'il entretenait de savants philosophes et lisait leurs écrits, ce n'était

1. Philosophe et homme politique des IVe-IIIe siècles av. J.-C., disciple d'Aristote. Le Ptolémée dont il est question ici est soit Ptolémée Ier, général d'Alexandre puis roi d'Égypte, soit son fils Ptolémée II.

point parce qu'il les admirait, mais parce qu'il voulait être admiré grâce à eux[1].

Cela posé, même avec ce mot caustique de Denys à l'esprit, si j'avais pu trouver un vrai capitaine, à même de mener à bon port le vaisseau déboussolé et démâté sur lequel nous nous trouvons désormais tous embarqués, pas un instant je n'aurais hésité à lui dédier le présent ouvrage. Hélas, j'ai eu beau chercher ce chef providentiel partout, nulle part je ne l'ai trouvé. En lieu de quoi, sur le pont de ce navire malmené qui est le nôtre, je n'ai vu que des capitaines autoproclamés qui couraient dans tous les sens tels des poulets qu'on viendrait d'étêter, et d'autres encore qui, sous prétexte de nous sauver du naufrage, s'agrippaient désespérément à nous de crainte de périr en premier.

C'est pourquoi, en lieu et place de ces gens-là qui n'ont du Prince que le nom, je dédie cet ouvrage traitant du pouvoir et du principat à tous ceux, si humbles et si obscurs soient-ils, qui auraient des yeux pour voir, des oreilles pour entendre, du cœur pour trancher, mais aussi du sang-froid pour ne point s'emporter. Puissent-ils y trouver matière à réflexion et invitation à la justesse de l'action, de manière à ce que chacun d'entre eux soit un véritable Prince, qui dans sa ville,

1. Denys le Jeune, tyran de Syracuse au IVe siècle av. J.-C., ayant succédé à son père Denys l'Ancien. Platon tenta vainement de le conseiller et de l'influencer.

qui dans son village, qui dans son quartier, qui dans son entreprise, qui sur ses terres, qui parmi ses collègues de travail et qui dans son cercle social ou familial.

Et maintenant, place au lecteur : *Lectori salutem !*

Pour une nouvelle conception du pouvoir et de son exercice

Il y a de cela très exactement cinq cents ans, écrivant à Florence au temps de la Renaissance, Nicolas Machiavel livrait à Laurent de Médicis sa vision de la politique et sa conception du pouvoir, lui prodiguant ses conseils quant à la meilleure façon que le Prince aurait d'atteindre les objectifs qu'il se serait fixés, d'asseoir son autorité et de se garder de ses ennemis, voire de ses amis. Quoique rien ne prouve que le Prince à qui cet ouvrage avait été dédié ait prêté une oreille attentive aux propos de Machiavel, le traité de ce dernier aura au fil des siècles connu une très grande renommée, ayant été lu, et l'étant toujours, par maints Princes et aspirants au principat, qui y puisèrent et y puisent encore ruses et manigances de pouvoir, et stratagèmes et recettes de conquête. Tant et si bien, que le « machiavélisme » aura fini par faire son entrée dans le vocabulaire politique.

Or Nicolas Machiavel écrivait à une époque où le monde était encore pour l'essentiel agraire, quand le pouvoir était intimement lié à la terre et quand des termes comme « citadelle », « fief » ou « baronnie » n'étaient pas employés, comme aujourd'hui, dans un sens métaphorique, mais dans leur sens littéral. La réalité du monde a cependant radicalement changé depuis le XVIe siècle. Entraîné qu'il est désormais par des tendances qui sont de jour en jour plus lourdes, le monde aura de fait bien plus changé au cours des cent et quelques dernières années, qu'il ne l'avait fait durant les trois ou quatre millénaires qui ont précédé.

Il y a de cela vingt-cinq siècles, lorsque l'Athènes de Périclès était à son apogée, l'Attique comptait à peine deux cent cinquante mille habitants et la planète entière n'en comptait pas plus de cent treize millions (c'est-à-dire l'équivalent, aujourd'hui, de la seule population du Mexique). Ayant à peine doublé dans les mille deux cents ans qui suivirent, la population mondiale finit par atteindre au VIIe siècle le chiffre de deux cent dix millions d'habitants. Au début du XIXe siècle nous étions pourtant déjà un milliard sur terre, et le mouvement n'a fait depuis que s'amplifier : deux milliards vers 1920, trois vers 1960, et pas moins de sept aujourd'hui. Autrement dit, ces cinquante dernières années, la population mondiale aura plus que doublé, alors qu'entre le Ve siècle avant notre ère et le VIIe de notre ère il lui avait fallu pas moins de douze siècles pour en faire autant. Alors que Périclès devait administrer quelques dizaines de milliers tout au plus d'Athéniens, les Périclès d'aujourd'hui se doivent, eux, d'administrer des dizaines, voire parfois des centaines de millions de personnes.

Il y a de cela cent ans, chaque être humain avait théoriquement à sa disposition vingt hectares de terre. Aujourd'hui, nous en sommes à deux hectares par personne, soit dix fois moins. Et demain, la population mondiale continuant d'augmenter, à combien se montera l'espace vital de chacun ? À deux cents mètres carrés ? Puis à vingt ? Puis à deux ? Deux mètres : pas assez pour vivre, certes, mais sans doute assez pour pouvoir, le jour venu, dire, tel le chef germain Boiocale au général romain Avitus qui venait de lui refuser les terres dont son peuple, pourtant allié de Rome, avait besoin pour subsister : « La terre peut nous manquer pour vivre, elle ne nous manquera pas pour mourir. »

Il y a cent cinquante ans, pour prétendre faire partie d'un certain club londonien fondé par et pour de grands voyageurs et explorateurs, il fallait justifier (voyage oblige) d'une résidence qui fût à au moins une journée de cheval de la capitale. À supposer qu'un cheval puisse parcourir cinquante à soixante kilomètres par jour, les candidats éligibles devaient pouvoir justifier d'une résidence qui, au sud de Londres, par exemple, serait située par-delà Tunbridge Wells dans le Kent (à Douvres, disons, ou alors à Hastings). Or si cette règle de la journée de voyage devait être appliquée aujourd'hui, quand on peut en une seule journée rallier Londres à partir du Cap ou de Buenos Aires, ce club-là ne pourrait accepter comme membres que ceux-là qui pourraient justifier, toujours au sud de Londres, d'une résidence qui serait, disons, à Sydney en Australie. Autrement dit, la vitesse des transports ayant aboli les distances, les dix-sept mille kilomètres séparant aujourd'hui Londres de Sydney aux Antipodes équivalent en mesure de temps aux cinquante kilomètres qui, hier encore, séparaient Londres de Tunbridge Wells dans le Kent.

Il y a une soixantaine d'années, les compagnies aériennes transportaient soixante-cinq millions de passagers par an. Elles en transportent aujourd'hui plus de deux milliards et demi. Autrement dit, en un peu plus d'un demi-siècle, le nombre de passagers aériens aura été multiplié par quarante et aujourd'hui, chaque année, plus d'un tiers de l'humanité prend l'avion. On peut aisément imaginer, au vu de cela, l'augmentation du nombre de malheurs et d'incidents possibles, des accidents aux attentats en passant par les détournements, les retards pris au décollage pour cause de congestion aérienne et les correspondances ratées : autant de tracas supplémentaires pour le Prince.

Il y a un demi-siècle, le volume annuel du commerce international se montait à six cents milliards de dollars. Or, aujourd'hui, il est de quinze trillions de dollars par an. Autrement dit, à valeur égale, la quantité de biens, services et marchandises transportés d'un coin de la planète à un autre aura augmenté de vingt fois en un peu plus de cinquante ans, causant autant de failles et de brèches dans les frontières et les barrières douanières princières.

Au XIe siècle vivait au Moyen-Orient un certain Hassan Ibn al-Sabbah qui, à la tête de sa secte dite des Assassins, causa des milliers de victimes en pourfendant sans distinction aucune, et telle Penthésilée[1], musulmans et croisés. Or, combien étaient-ils, à l'époque, à avoir entendu parler de lui ? Dix mille ? Cent mille, tout au plus ? Aujourd'hui, ils sont plusieurs milliards, de la Chine au Chili et de la Norvège à l'Australie, à savoir qui était Oussama Ben Laden (qui fit pourtant bien moins de ravages que Hassan Ibn al-Sabbah en son temps) et à avoir vu et vécu comme s'ils y étaient les événements qu'il aura volontairement ou involontairement provoqués, des attentats du 11 Septembre jusqu'à l'hallali et à sa mise à mort ; ils sont des centaines de millions à s'être fait, avec leur affect et leurs préjugés, une opinion à son sujet ; ils sont des dizaines de millions à avoir pris clairement parti ; ils sont des centaines de milliers à avoir voulu l'imiter ou alors imiter ceux qui l'auront traqué et tué ; et ils sont des dizaines de milliers à être finalement passés à l'action, qui d'un côté, qui de l'autre, suscitant ainsi, par émulation, une multitude d'événements induits par l'événement premier, de la pose de bombe

1. Reine des Amazones dans la mythologie grecque, personnification de la parfaite machine de guerre dans la pièce éponyme de Heinrich von Kleist, 1777-1811.

au coup de filet policier. Même un militant d'extrême droite comme Anders Breivik, qui fit soixante-dix-sept victimes norvégiennes lors de sa croisade nationaliste et anti-islamique, reconnut lors de son procès au printemps de 2012 s'être inspiré d'Oussama Ben Laden et d'Al-Qaïda.

Autre tendance lourde, celle résultant de la victoire désormais sans appel du rhizome de la mondialisation sur les racines arborescentes de l'État-nation, berceau naturel du Prince. Jusqu'au milieu du XIXe siècle, quatre-vingt-quinze pour cent des mariages contractés dans les campagnes anglaises (mais dans les autres aussi, sans doute) l'étaient entre jeunes gens et jeunes filles habitant à moins de cinq kilomètres les uns des autres, et qui passeraient le restant de leur vie ensemble au même endroit. Or, aujourd'hui, il n'est pas rare de voir un jeune Anglais du Yorkshire épouser une Chinoise de Hong Kong rencontrée à l'université de Berkeley en Californie et aller vivre avec elle à Vancouver pour y travailler, sa « place » dans son Yorkshire natal étant prise par un Polonais de Cracovie ou un Pakistanais de Karachi.

Il en va de même dans la finance, dont les flux échappent désormais presque entièrement au Prince ; dans l'industrie, la victoire du capitalisme financier international sur le capitalisme industriel national ayant entraîné des délocalisations massives ; dans l'agriculture, avec le rachat par des multinationales de centaines de millions d'hectares en Australie, en

Afrique comme en Amérique latine ; dans les services, avec, par exemple, la délocalisation des centres d'appel de Londres vers Bombay ou de Paris vers Casablanca ; sans parler des domaines propres à ce que les Anciens appelaient les « loisirs », à savoir le temps que l'on a pour soi et que l'on consacre au sport, à la culture, aux distractions, aux œuvres caritatives.

Aujourd'hui, pour un jeune Parisien qui fait du bénévolat dans les banlieues pauvres de la capitale française, combien ne préfèrent-ils pas partir en faire au Mali ou en Bolivie ? Alors que le Prince d'aujourd'hui demeure aussi lié au territoire dont dépend son pouvoir que les seigneurs féodaux d'antan l'étaient jadis à leur fief, ses anciens serfs, désormais affranchis de la glèbe, décampent à leur gré, eux, et s'installent où bon leur semble ou presque, causant par leur mobilité des remous qui perturbent l'assise sociale du Prince et ébranlent l'arbre princier, menaçant de le déraciner.

En réalité, un grand État-nation d'aujourd'hui n'est pas bien différent d'un grand club de football, le Liverpool FC, par exemple, qui ne compte dans son équipe type que deux joueurs nés à Liverpool et dont l'entraîneur et les propriétaires ne sont même pas anglais. De plus, le club de Liverpool compte davantage de fans à Shanghai, Londres ou Dubaï, qu'à Liverpool même. En définitive, seuls les supporters qui viennent régulièrement, qu'il pleuve ou qu'il vente, remplir le stade d'Anfield, sont natifs de la ville. Mais ceux-là, on le sait, ne contrôlent ni les finances du club, ni la politique des transferts, ni les tactiques de jeu. Et de fait, comme aujourd'hui le Liverpool FC, l'État-nation sur lequel règne le Prince sans patrie ni frontières n'a plus de national que le nom.

Dernière tendance lourde, sans doute la plus parlante, celle qui est relative à l'espérance de vie des grands empires depuis qu'Est et Ouest, Nord et Sud, s'attirent et s'entrechoquent. L'Empire romain, d'Occident puis d'Orient, aura duré mille cinq cents ans. L'Empire ottoman, qui succéda à l'Empire romain d'Orient, dura six cents ans. Plus proche de nous, l'Empire colonial britannique dura près de trois siècles, et l'Empire russe soviétique quatre fois moins. Quant à l'Empire américain, à qui l'effondrement de l'Empire russe soviétique aurait dû profiter mais qui est d'ores et déjà malmené, tout porte à croire qu'il ne durera pas plus que quelques décennies. Autrement dit, au cours des deux mille ans passés, aux grands empires millénaires se seront lentement mais sûrement substitués des empires qui vieillissaient de plus en plus vite, jusqu'à ce que l'on soit arrivé aujourd'hui à des empires qui n'ont même plus l'espérance de vie d'un simple mortel.

Serait-ce donc l'ennemi du Prince qui pourrit ainsi son empire (du latin *imperium* : pouvoir, contrôle) ? Serait-ce lui qui le vieillit ainsi bien avant l'heure ? Sans doute pas, puisque l'ennemi du Prince aura toujours été là, du temps de l'Empire britannique comme du temps de l'Empire romain. Plus encore, on pourrait dire qu'aujourd'hui les ennemis du Prince sont bien moins nombreux qu'ils ne l'étaient jadis : ce ne sont en effet pas des hordes d'ennemis barbares qui auront eu raison de l'Empire britannique. Or, si ce ne sont pas les ennemis évidents du Prince qui, désormais, contestent son empire, alors qui serait, dans ce cas, son véritable ennemi ?

En réalité, aujourd'hui, l'ennemi affiché, reconnu, vilipendé – qu'il ait nom anarchiste, sioniste, islamiste, terroriste, impérialiste ou autre – ne fait que donner aux empires le coup de grâce.

De fait, ce ne fut point une défaite militaire devant les forces de l'Alliance atlantique qui causa l'effondrement de l'Empire soviétique, mais la masse considérable d'événements induits par la technologie moderne et par un système capitaliste fondé sur le libre-échange et la libre circulation des idées, des personnes et des biens.

Ce qui épuise en vérité les forces des empires et des pouvoirs établis, aujourd'hui, les frappant tous de sénilité précoce, ce n'est, ni plus ni moins, que la nébuleuse foisonnante, luxuriante, envoûtante des événements.

La mondialisation, l'éclatement du pouvoir de décision dû à l'interdépendance entre les nations, l'accroissement exponentiel de la population, les flux croissants de migration, l'augmentation considérable des échanges internationaux, l'extension et l'accélération des moyens de transport et de communication, la dépendance accrue de chacun à l'égard de la technologie, le pouvoir de l'image, des médias audiovisuels et des réseaux sociaux, l'accès universel à l'information, la propagation des idées et leur pouvoir de contagion, l'exigence des individus pour une transparence toujours plus grande, leurs aspirations et leurs ambitions toujours croissantes, leur capacité quasi illimitée à l'identification et à l'empathie virtuelles avec autrui, voilà autant de facteurs qui rendent aujourd'hui le Prince éminemment vulnérable aux événements quelle qu'en soit leur cause, le laissant, d'une part, orphelin d'un État-nation et d'une souveraineté nationale qui prennent l'eau de toutes parts, de l'autre, en manque d'un État supranational et d'une souveraineté impériale qui ont de plus en plus de mal à s'inscrire dans la durée.

Sans même aller jusqu'à évoquer le cas de ces empires qui auront rapidement croulé sous le poids immense des événements qu'ils avaient eux-mêmes provoqués (ainsi l'empire des Huns, celui de Napoléon, ou le IIIe Reich allemand), je dirais qu'en l'absence même de toute machine de guerre et de toute logique de conquête génératrice et multiplicatrice d'événements, le fait est que, plus le temps passe, plus l'histoire s'accélère, et plus le Prince a du mal à maîtriser et à gérer des événements en nombre éternellement croissant.

En contribuant à accroître de manière dramatique le

nombre d'événements possibles, en les accélérant, en amplifiant aussi leur impact et leur résonance, la société moderne cause des carambolages d'événements qui accroissent d'autant les risques que le Prince encourt. La mobilité des personnes, leur éloignement de toute verticalité et de tout enracinement, leur propension à l'horizontalité et au mouvement, leur vitesse, leur ubiquité, tout cela génère un nombre incalculable de combinaisons possibles d'actions humaines et, partant, d'événements aussi imprévisibles qu'incontrôlables.

Alors que les Princes des temps reculés ne faisaient qu'occasionnellement les frais d'un coup du sort – disette ou épidémie – qui frappait leur pays et incitait leurs sujets à se dire qu'ils avaient provoqué la colère de quelque divinité et de ce fait ne méritaient plus de régner, le Prince d'aujourd'hui, lui, est constamment sur la brèche. Exposé en permanence aux événements, il peut à tout moment pâtir de la malchance, ou d'une mauvaise gestion de sa part des conséquences d'un tremblement de terre, d'un conflit militaire, d'une fuite sur un réacteur nucléaire, d'une crise bancaire, d'une catastrophe ferroviaire, voire, comme ce fut le cas récemment en Europe, d'un petit scandale lié à une canicule, à une pénurie de carburant ou à de mauvais implants mammaires. À croire que l'histoire aurait été placée dans un accélérateur, non de particules, mais d'événements qui, en se projetant les uns contre les autres, se multiplient à l'infini et s'en vont ensuite métastaser dans le corps social tout entier.

Comment en serait-il autrement, d'ailleurs ? Il y a de cela à peine cent vingt-cinq ans, du temps où Kipling[1] écrivait *L'homme qui voulut être roi*, la mort d'un soldat anglais tué au combat en Afghanistan, et inhumé là où il était tombé comme le voulait la tradition militaire impériale, n'aurait eu aucune résonance en dehors de son cercle familial et local. Aujourd'hui, le rapatriement de la dépouille d'un militaire anglais tué en Afghanistan fait l'objet de la une de tous les journaux télévisés britanniques. Il y a de cela à peine cent vingt-cinq ans, un tsunami frappant Fukushima sur la côte nord-est du Japon aurait tout au plus bouleversé la vie de quelques milliers de pêcheurs locaux. Aujourd'hui, ce même tsunami affecte à des degrés divers des dizaines de millions de personnes, de la population locale au consommateur européen friand de sushis, en passant par l'utilisateur japonais d'électricité nucléaire et le propriétaire américain d'une voiture japonaise. Jamais, en réalité, la chaîne des événements n'aura autant entravé le Prince ; jamais les événements n'auront autant pesé sur lui, le forçant à courber l'échine et à faire le dos rond pour ne point être balayé par eux. Ce qui, on en conviendra, est tout sauf princier.

1. Rudyard Kipling, 1865-1936, poète et écrivain britannique ayant longtemps vécu aux Indes britanniques, auteur, entre autres nombreux ouvrages, du *Livre de la jungle*.

Contrairement à ce qui était le cas du temps où Machiavel réfléchissait et écrivait sur le pouvoir, c'est là, dans l'événement et non dans le roi de France, les Borgia de Rome, les Sforza de Milan ou n'importe quel autre ennemi aisément identifiable, que réside désormais le véritable péril qui guette le Prince. C'est pourquoi il est urgent que ce dernier se penche sérieusement sur la notion d'événement dans ce qu'elle a pour lui de politiquement signifiant. Et c'est aussi pourquoi il est urgent d'élaborer d'ores et déjà une conception du pouvoir et de son exercice qui ne serait plus, comme par le passé, anthropocentriste et focalisée sur les ennemis du Prince, mais qui s'intéresserait en premier lieu aux événements entendus comme le vivier qui les nourrit et les renforce.

La question, effectivement, est de savoir ce qui, de l'événement ou de l'inimitié, est premier. Nous battons-nous parce que nous sommes ennemis, ou alors, sommes-nous ennemis parce que nous nous battons ? Longtemps, la réponse aura de fait été que nous nous battons contre nos ennemis. Je maintiens quant à moi que, en réalité, c'est en nous battant les uns contre les autres que nous devenons des ennemis. Mais, m'objectera-t-on, si nous nous battons contre « eux », c'est bien parce qu'ils nous auront agressés en premier. À quoi je répondrai que, dans ce cas, ce qui est premier, ce n'est pas l'ennemi mais l'agression, en d'autres termes, l'événement.

La Renaissance, on le sait, aura déplacé Dieu du centre de l'univers pour mettre l'homme à Sa place. Le moment est sans doute venu de sortir à présent l'homme – et, partant, l'ennemi – des pensées du Prince, pour mettre l'événement au cœur de ses préoccupations. Ainsi pourra-t-on espérer lui proposer une nouvelle manière de concevoir le pouvoir et de l'exercer. C'est ce à quoi j'entends à présent m'atteler, pleinement conscient que toute conceptualisation du pouvoir et de son exercice qui n'irait pas se frotter quotidiennement au réel ne saurait être qu'une simple vue de l'esprit, plus à même de desservir le Prince que de lui être d'une quelconque utilité.

Pourquoi les événements sont du Prince le pire ennemi

Nimbé de l'aura que lui confère son pouvoir, jouissant du prestige qui va avec sa fonction et contrôlant l'appareil d'État par l'entremise duquel il distribue honneurs et largesses, accroissant ainsi le nombre de ses obligés, le Prince se trouve dans une position qu'on pourrait croire inexpugnable. Retranché derrière les hautes murailles de sa Citadelle institutionnelle, il devrait s'y trouver à l'abri des attaques lancées contre lui par ses ennemis qui, pour espérer le déloger, devraient disposer d'une puissance bien supérieure à la sienne. C'est pourquoi, le rapport des forces jouant en faveur de celui qui défend et contre celui qui prend tous les risques en l'attaquant, le Prince avisé s'inquiétera moins de ce que ses ennemis voudraient faire que des événements dont l'accumulation augmente les chances qu'ils ont de l'emporter sur lui. C'est là que réside en effet la vraie, la seule menace qui pèse sur le Prince, menace qui lui est d'ailleurs intrinsèque, son ombre planant sur lui dès l'instant où il accède à la dignité suprême.

Dès son arrivée au pouvoir, le Prince se trouve en effet investi de tous les espoirs de ceux qu'il est appelé à gouverner (pensons à l'engouement qui accompagna en 2008 l'élection du président Barack Obama, présenté comme un véritable sauveur, non seulement aux États-Unis, mais aussi dans de nombreux autres pays). Tous aspirent en fait à la paix, à la sécurité, au bien-être et à la prospérité. Et, en le choisissant ou en le subissant plus simplement, tous attendent de lui qu'il instaure les conditions propices à leurs projets de vie et à leurs plans de carrière ; tous attendent aussi de lui qu'il anticipe sur les vicissitudes qui pourraient venir perturber leurs plans et déranger leur vie, que ce soit une crise économique, une catastrophe naturelle, une épidémie, une invasion, un attentat, une agression dans la rue, ou une simple coupure d'eau ou de courant. Sinon, si ces vicissitudes-là devaient néanmoins advenir, tous attendent de lui qu'il les gère adroitement, de manière à minimiser l'impact néfaste qu'elles auraient sur eux.

Sur le long fleuve tranquille que devrait être leur vie, tous comptent sur le Prince pour qu'il les aide à éviter les courants traîtres, les récifs cachés, les rapides imprévisibles, les trombes d'eau et autres écueils tapis en embuscade. À leurs yeux, tout devrait être toujours pour le mieux dans le meilleur des mondes possibles, de manière qu'ils puissent calculer, prévoir et planifier en toute sérénité, afin que leurs projets aboutissent et que leurs rêves deviennent réalité.

Et de même que, lorsqu'ils bravaient jadis la furie des océans lointains, coursaient les galions espagnols ou portugais, subjuguaient des maharadjahs indiens ou se taillaient de petits royaumes mercantiles sur les côtes chinoises, les aventuriers anglais d'antan n'avaient qu'un seul but en tête, un seul rêve, celui de rentrer un jour au pays, d'y acquérir un petit domaine dans le Devon ou le Kent, et d'y couler des jours paisibles respectés de tous, acceptés par la gentry du comté et, pourquoi pas, anoblis, sinon adoubés, de même, lorsqu'ils s'agitent aujourd'hui et se démènent, s'épuisent en quête de notoriété et de richesses, se piétinent les uns les autres et jouent des coudes en cherchant à grimper toujours plus haut, nos contemporains ne visent eux aussi qu'à atteindre enfin une tranquille panacée. Tel l'Oblomov de Gontcharov[1], l'écrasante majorité d'entre eux n'aspire en réalité qu'à vivre dans un cadre doré où les phases habituelles du jour et de la nuit, ainsi que les saisons, se succéderaient sans aucun changement ni incident marquant, et où chaque journée ressemblerait très exactement à celle qui l'aura précédée. Ce qu'ils désirent avant tout, c'est être rassurés et se sentir protégés. George Orwell[2] l'avait bien

1. Ivan Gontcharov, écrivain russe, 1812-1891. Son Oblomov, personnage indolent, est devenu célèbre et a peut-être inspiré à l'auteur du présent ouvrage le personnage de Harry Boone, un espion paresseux, soucieux de sa seule tranquillité, et qui est pris dans la tourmente de la vie.

2. George Orwell, écrivain anglais, 1903-1950, auteur de *1984* où l'on retrouve la figure, devenue célèbre, de Big Brother.

compris, lui qui disait qu'à la qualité d'êtres humains, avec tout ce qu'elle comporte d'incertitudes et d'aléas, les hommes préféreront toujours celle d'êtres vivants, avec tout ce qu'elle a de réconfortant et de rassurant. Et de cela, consciemment ou inconsciemment, ils tiennent le Prince pour responsable et garant.

Pour comprendre cette logique, il faut sans doute revenir aux termes du marché que ceux dont le Prince a la charge estiment avoir passé avec lui. Dès lors, en effet, que, sous le régime de la démocratie, ils lui ont accordé leurs suffrages, ils estiment qu'en contrepartie de cette aliénation de leur liberté à son profit (car toute délégation de pouvoir par le vote équivaut, n'est-ce pas, à une aliénation de liberté), ils ont droit, de sa part, à une assurance de paix, de sécurité et de prospérité. Il n'en va d'ailleurs pas différemment, toujours en démocratie, de ceux qui ont accordé leurs suffrages à son rival. Dès lors qu'ils ont reconnu sa victoire, leurs exigences ne seront pas moindres que celles de ses partisans. De même, sous un régime despotique, dès lors que les sujets du Prince se soumettent à son autorité et s'empêchent de prendre les armes contre lui, ils attendent de lui qu'il protège au moins leur vie et leurs biens.

Il en allait ainsi dans la nuit des temps, quand les hommes demandaient aux Princes qu'ils commandassent, qui au soleil qui éclaire, qui au feu qui réchauffe, qui à la terre qui nourrit, qui à l'eau qui fertilise, qui aux vents qui gonflent les voiles et font avancer le navire, et il en va de même aujourd'hui quand les gens attendent du Prince, sinon qu'il commande du moins qu'il contrôle l'économie, la technologie, l'écologie, le consensus interne propice à la sécurité et à l'harmonie, les échanges internationaux sources de prospérité, voire la nature elle-même, désormais vaincue et uniquement perçue comme « environnement ». C'est sans doute pour cette raison que les hommes ont souvent, et rétrospectivement, donné à une période où tout semblait leur réussir le nom d'un Prince en particulier. Ainsi les Anglais qui, évoquant le règne d'Élisabeth Ire, lorsque furent jetées au XVIe siècle les bases de leurs futures puissance et prospérité, parlent-ils encore aujourd'hui avec nostalgie de « l'âge d'or élisabéthain ».

L'envers de cette médaille frappée à l'effigie d'un Prince symbole et garant de la sécurité, de la stabilité et de la prospérité, c'est bien sûr qu'il est montré du doigt chaque fois que le contrat que les hommes pensent avoir passé par son entremise avec la nature, la divinité, la Fortune ou les lois du marché se trouve rompu à leurs dépens. C'est ainsi que, dans les temps reculés, des Princes durent payer de leur trône sinon de leur vie, qui le prix d'une éclipse solaire, qui d'une sécheresse, qui d'une inondation, qui d'une disette ou d'une épidémie perçues comme une malédiction et une punition des dieux. Il en va de même aujourd'hui où l'on voit les Princes tenus responsables, sinon d'une éclipse solaire, du moins d'un taux de chômage qui augmente, d'une inflation galopante ou d'une insécurité rampante.

S'agissant de la baisse de son pouvoir d'achat ou de la perte de son emploi, chacun sait pertinemment que le Prince ne commande pas vraiment aux lois d'une économie et d'un marché désormais libéralisés et mondialisés. Chacun lui en fait pourtant reproche. C'est ce qui s'est passé récemment en France, lorsque Nicolas Sarkozy, qui s'était fait élire en 2007 en promettant d'être « le président du pouvoir d'achat », vit sa popularité et la confiance que les gens lui accordaient s'effondrer en même temps que chutaient les Bourses et que chancelait le système bancaire. Dans le même registre, à la question « Vivez-vous mieux aujourd'hui qu'il y a quatre ans ? » posée aux Américains lors d'un sondage d'opinion *USA Today/Gallup* effectué à trois mois de l'élection présidentielle de novembre 2012, 55 % des sondés ont répondu non, 60 % d'entre eux tenant en outre le président en exercice, Barack Obama, pour responsable du marasme économique dont ils souffrent.

De même, s'agissant d'insécurité, et quoiqu'ils sachent pertinemment qu'un degré zéro de cambriolages, de vols à main armée, d'actes de vandalisme ou d'assassinats est irréaliste, les honnêtes gens ne peuvent s'empêcher d'en vouloir au Prince sous l'égide duquel de tels malheurs arrivent. « Mais que fait donc la police ? » titre immanquablement la presse populaire chaque fois que, dans un film de série B, l'enquête pour attraper un tueur en série piétine.

Face à un événement qui les toucherait dans leur intégrité corporelle (un accident ferroviaire, une épidémie ou une agression armée), qui donnerait un coup d'arrêt à leur carrière (une récession économique) ou bousculerait tout simplement leurs petites habitudes (une grève des transports ou une panne sectorielle de courant durant la retransmission d'un match crucial pour leur équipe de foot préférée), les hommes cherchent naturellement un bouc émissaire à qui faire porter le poids de leurs malheurs ou de leurs contrariétés. Et sur quel meilleur clou accrocher le lourd manteau de leurs rêves brisés, de leurs ambitions avortées, de leurs déboires quotidiens, même, que le Prince ?

En introduisant l'inconnu et le discontinu là où régnaient le connu et le continu, l'événement, aussi futile soit-il, interpelle les populations, dérange leur train-train, bouleverse leurs plans et leur rappelle à quel point tout ce qu'elles prennent pour acquis peut être remis en cause à tout instant.

Soit quelqu'un qui rentre chez lui après une dure journée avec pour seule idée de se faire couler un bon bain. Lorsque, d'un geste négligent, il ouvre le robinet de sa baignoire tout grand, la relation de cause à effet entre son geste distrait et l'eau bienfaisante qui commence à couler est en elle-même un événement, notamment lorsqu'on pense à tous les efforts qu'il aura fallu pour capter cette eau-là, la traiter, la filtrer et l'amener jusqu'à lui. Pourtant, à aucun moment lorsque l'eau a obéi à son commandement, cette personne-là ne se sera étonnée, pas plus que l'idée ne lui aura traversé l'esprit de rendre grâce à tous ceux qui l'ont produite puis acheminée jusqu'à sa baignoire. Loin de là, elle aura pris tout cela pour acquis et la relation de cause à effet entre le geste qu'elle a fait pour ouvrir le robinet et l'eau qui s'est mise à couler est pour elle un non-événement. En revanche, si la même personne, rentrant le soir chez elle et désireuse de se faire couler un bain, ouvrait grand le robinet et que rien, alors, ne se passe, l'eau courante refusant obstinément de répondre à son commandement, elle se retrouverait confrontée à un véritable événement, contrariant, et pesterait évidemment contre la compagnie des eaux qui, en la privant de son bain alors qu'elle en avait grand besoin, aura failli à ses yeux à ses obligations de « Prince des eaux ».

Et lorsque l'événement prend une forme dramatique, il fait voler les rêves des hommes en éclats, les fait douter d'eux-mêmes et des priorités qu'ils s'étaient fixées, mine leur confiance en l'avenir et, nourrissant en eux un sentiment d'impuissance et d'injustice, attise leur colère et fait d'eux des mécontents.

Certes, dès lors qu'ils y pensent raisonnablement, les hommes voient bien que ce qui leur arrive n'est souvent que la conséquence de leurs propres choix de vie et de carrière, de leurs propres insuffisances, de leurs défaillances sinon de la simple malchance. Pourtant, inexorablement, une force obscure et mystérieuse les pousse alors à blâmer le Prince pour tout ce qui leur arrive de mauvais. Ils le font bien sûr parce qu'ils ressentent le besoin de pointer du doigt un responsable, histoire de se dédouaner en se déchargeant sur lui de toute responsabilité, mais ils le font aussi pour se rassurer. Les hauts cris qu'ils poussent alors, leurs lamentations, leurs lettres de protestations, leurs meetings d'indignation, leurs sit-in et leurs manifestations sont autant de tentatives de combler par la parole et par les mots le vide laissé par l'événement dont ils auraient souffert. Car ils s'étaient persuadés que leur vie scénarisée serait un long discours cohérent, un flux constant de sons rassurants, sorte de musique *off* qui les accompagnerait partout où ils iraient, meublant leur existence et lui donnant un sens, toujours vers l'avant. Mais voilà qu'avec l'irruption de l'événement auquel ils ne s'attendaient pas, ils se rendent brutalement compte que la vie ne se déroule pas toujours de manière logique, cohérente et continue : qu'au mieux, elle ne fait, comme le disait si bien Sándor Márai[1], que bégayer.

Or ce bégaiement de la vie leur est insupportable. Pour ne plus avoir à l'entendre, ils avaient misé sur le

1. L'un des plus grands écrivains hongrois du XXe siècle, né en 1900, mort aux États-Unis en 1989, après un exil qui dura plus de quarante ans.

Prince, le chargeant de jouer pour eux quelque concerto de Bach ou de leur chanter quelque aria de Mozart, la cohérence et l'harmonie de la musique princière devant à leurs yeux avoir raison des aléas de l'existence. Tôt ou tard cependant, la multiplication des imprévus aidant, ils finissent par se rendre compte que, loin d'être un maestro exécutant au piano un concerto de Bach ou un ténor chantant l'air d'un opéra de Mozart, le Prince est, au mieux, un « trembleur », expirant de manière saccadée quelque chose qui ressemblerait plutôt à l'*Air du froid* de Purcell. Et c'est précisément cela qui leur donne froid dans le dos et qu'ils ont tant de mal à accepter. Ils se muent alors en mécontents, se retournent contre le Prince, et font ainsi le jeu de ses ennemis.

Non qu'il faille leur en vouloir pour cela. Ils ne font en effet que suivre leur nature et montrent par là qu'ils ont soif de vie. « S'en prendre aux dieux et aux hommes, c'est le fait de quelqu'un qui veut vivre », disait, au moment de se donner la mort, l'empereur romain Othon à ses amis qui s'étonnaient de sa sérénité dans l'adversité[1]. Or la vie, le commun des mortels en a autant soif que le Prince en a, lui, d'immortalité.

Avant même de se garder des rivaux et des ennemis qui brûlent d'envie de le déloger, le Prince avisé se gardera donc avant tout des événements, quels qu'ils

1. Othon (Marc Othon César Auguste), empereur romain, ne régna que trois mois, entre janvier et avril de l'an 69.

soient, qui, suscitant des remous sur le lac placide de son pouvoir, brouillent la surface lisse sur laquelle vient se réfléchir le soleil radieux de sa majesté.

Assis au sommet de l'État qui, comme son étymologie (*status*) le dit si bien, tient sa force de son impassibilité même et de l'absence de tout mouvement, le Prince devrait en vérité pouvoir à tout moment faire siens ces vers de Baudelaire[1] :

> Je trône dans l'azur comme un sphinx incompris ;
> J'unis un cœur de neige à la blancheur des cygnes ;
> Je hais le mouvement qui déplace les lignes,
> Et jamais je ne pleure et jamais je ne ris.

Or l'événement, de quelque nature qu'il soit, produit nécessairement du mouvement. Ce mouvement vient alors déplacer les lignes de force de l'édifice statique sur lesquels repose le pouvoir du Prince, contraignant ce dernier à rire ou à pleurer, en tout cas à grimacer, ce qui, on en conviendra, n'a rien de princier.

1. Charles Baudelaire, 1821-1867. Ce quatrain est extrait de son poème *La Beauté*.

L'événement heureux existe-t-il du point de vue princier?

Je reconnais qu'il ne sera jamais aisé de convaincre le Prince, persuadé qu'il est d'être né sous une bonne étoile et d'avoir les faveurs de la Fortune, de se méfier des événements quels qu'ils soient. « Ce dont vous me parlez là, me dira-t-il, ce sont des événements malheureux, des accidents fâcheux : coups du sort comme un tremblement de terre, un revers militaire ou une débâcle financière. Mais la vie politique est aussi faite – heureusement, d'ailleurs – d'événements heureux tels qu'une victoire militaire, une grande fête populaire ou une balance commerciale excédentaire. Or, loin de me desservir en faisant le jeu de mes ennemis, ces événements-là me servent en accroissant mon prestige et mon autorité. Après tout, me dira-t-il aussi, ma propre accession au pouvoir, qu'elle ait été le résultat d'un vote démocratique, d'un héritage dynastique ou d'un coup de force oligarchique, qu'importe – oui, qu'importe ! –, ma propre accession au pouvoir, disais-je, ne constitue-t-elle pas elle-même un événement ? L'événement heureux par excellence ? Pourquoi donc devrais-je me méfier systématiquement des événements ? Sûrement, m'objectera-t-il, faudrait-il distinguer entre, d'un côté les événements malheureux, néfastes, préjudiciables et, d'un autre côté, les événements heureux, propices, agréables. »

À cela je répondrai au Prince en lui rappelant justement que son accession au pouvoir n'aura été pour lui un événement « heureux » que dans la mesure où il n'était pas encore Prince, étant encore un mécontent et un ambitieux. Ou alors, si le Prince de l'époque était son propre père, un héritier bien impatient. Je dis impatient, parce que, s'il ne l'avait pas été, il aurait plutôt évoqué l'événement « malheureux » qu'aurait été pour lui la perte de son père, lequel événement « malheureux » se confond justement avec l'événement « heureux » de sa soudaine accession au pouvoir.

En réalité, heureux, malheureux, propice, néfaste, agréable, fâcheux sont des notions purement subjectives, voire sentimentales. Or, comme l'écrivait Agota Kristof[1], les mots qui définissent les sentiments sont très vagues et manquent de précision et d'objectivité, il vaut donc mieux éviter leur emploi et s'en tenir à la description fidèle des faits : « Par exemple, dit-elle, il est interdit d'écrire : "Grand-mère ressemble à une sorcière" ; mais il est permis d'écrire : "Les gens appellent grand-mère la Sorcière." Il est interdit d'écrire : "La

1. Écrivain hongrois, 1935-2011, a vécu en Suisse, et a écrit la plus grande partie de son œuvre en français, sa langue d'adoption.

petite ville est belle", car la petite ville peut être belle pour nous et laide pour quelqu'un d'autre. »

C'est pourquoi, m'apprêtant à évoquer les différents types d'événements, je ne distinguerai pas entre événements « heureux » et événements « malheureux », événements « agréables » et événements « fâcheux », événements « propices » et événements « néfastes ». En outre, au vu de l'incidence que nos moyens technologiques modernes ont sur la nature et, en retour, de l'incidence que la nature elle-même a désormais sur nos moyens technologiques, je ne ferai pas plus la différence entre les événements qui ont des causes naturelles et ceux dont l'homme serait l'instigateur. Me plaçant dans la seule perspective de l'interaction entre le Prince et l'événement quel qu'il soit, j'adopterai une typologie purement fonctionnelle, distinguant très simplement entre les événements que le Prince subirait contre son gré, ceux qu'il pourrait lui-même susciter, et ceux qu'il aurait reçus en héritage de ses prédécesseurs. Je me donnerai ainsi les moyens de mieux apprécier, par-delà sa dimension purement humaine et psychologique, la dimension politique d'un événement, et de mieux réfléchir à la conduite que le Prince devrait, selon les cas, adopter face à lui.

Des événements que le Prince subit contre son gré

Par événements subis, j'entends ceux qui adviennent indépendamment de la volonté du Prince, auxquels il doit faire face en sa qualité de garant de l'ordre et de l'harmonie, et qu'il lui faut en tout cas gérer au mieux de ses intérêts.

Je placerai dans cette catégorie les fléaux, tels les raz-de-marée, les éruptions volcaniques, les ouragans, les pluies diluviennes et les inondations, les canicules et les sécheresses, les disettes, les grands froids, les épidémies et les tremblements de terre. J'y ajouterai les actes de guerre comme les invasions, les destructions, le pillage et le sabotage, provoqués par l'ennemi extérieur; les désordres internes, comme les attentats terroristes, les actes criminels, les émeutes, les grèves sauvages, les menées subversives, les grandes faillites frauduleuses et les actes de démence comme la pyromanie ou les assassinats en série; enfin les grandes catastrophes meurtrières liées aux transports sur terre, sur mer et dans les airs.

On serait certes en droit de penser que, tout en lui imputant une part de responsabilité dans l'insécurité physique (par exemple en cas d'attentat) ou économique (par exemple en cas de récession) qui les toucherait, les concitoyens du Prince ou ses sujets le dégageraient néanmoins de toute responsabilité dans les catastrophes naturelles qui s'abattraient sur eux. Contrairement en effet à ce qui était le cas dans les temps reculés, chacun sait très bien aujourd'hui que le Prince ne commande pas aux éléments. On pourrait de ce fait croire qu'ils n'iraient pas jusqu'à le blâmer pour un raz-de-marée. Or, même là, sa responsabilité de Prince se trouve engagée, du fait notamment de la dépendance quasi totale de la société moderne à l'égard de la technologie, et de la vulnérabilité de cette dernière aux catastrophes naturelles et aux conditions climatiques extrêmes. L'interaction entre l'activité humaine et les phénomènes naturels est désormais telle qu'on exige du Prince qu'il réponde de tout, y compris de ces phénomènes qui devraient plutôt relever de la fatalité ou de la divinité. En attestent le débat qui fait fureur depuis quelques années autour du réchauffement climatique et de l'effet de serre, et celui sur l'énergie nucléaire qui suivit l'accident de 2011 à la centrale japonaise de Fukushima, frappée de plein fouet par un tremblement de terre et un raz-de-marée.

En réalité, quel que soit le domaine – politique, économique, militaire, climatique, sécuritaire, alimentaire –, la responsabilité du Prince dans les causes d'un coup du sort se trouve désormais inévitablement engagée. Certes, comme je le disais à l'instant, on ne pense plus aujourd'hui établir un lien de cause à effet entre une calamité et la personne du Prince qui, par sa conduite immorale ou la malédiction qui pèserait sur lui, aurait provoqué la colère des dieux. Mais c'est uniquement parce que la perception que l'on a des causes d'un malheur a changé. Le Prince, quant à lui, ne s'en trouve pas pour autant exonéré. Le contraire serait même vrai, car ce qui était jadis attribué au Destin auquel personne ne pouvait échapper (ainsi, Œdipe, condamné, avant même de naître, à tuer son père et à épouser sa mère) est désormais attribué au libre arbitre du Prince. Or, qui dit libre arbitre dit absence de circonstances atténuantes, ce qui exclut toute compassion et toute indulgence.

Dans l'*Œdipe roi* de Sophocle[1], quand la vérité éclate à la face du héros, la pitié s'empare de ses concitoyens : « Comme j'aurais voulu que tu n'eusses rien su ! » lui chante alors le chœur. Aucun ressentiment ne s'exprime ici, les concitoyens d'Œdipe ne l'accablent pas, ils le plaignent plutôt et compatissent avec lui : « Ton âme te torture autant que ton malheur. » Rien de tel, hélas, avec les Princes d'aujourd'hui, loin de là. Les hommes cherchent désormais la cause de leurs déboires dans les choix conscients du Prince : son choix de société dès

1. Auteur tragédien grec du Ve siècle av. J.-C. Tragédie dans laquelle Œdipe se rend coupable de parricide et d'inceste, quoique involontairement et à son insu.

lors que les exigences de l'économie de marché, de la croissance et de la compétitivité causeraient des licenciements dont ils pâtiraient ; ses choix technologiques dès lors qu'un barrage céderait ou qu'un tremblement de terre provoquerait une fuite sur un réacteur nucléaire ; son choix d'alliances étrangères dès lors que la violence exercée par lui sur une tierce partie se retournerait contre eux. Ainsi, après les attentats islamistes qui frappèrent Madrid en mars 2004, les électeurs espagnols établirent vite une relation de cause à effet entre ces attaques et la politique étrangère agressive du gouvernement du Premier ministre José María Aznar, distinguèrent entre les coupables (les terroristes islamistes) et les responsables (leur propre gouvernement) et, tout en condamnant sans ambages les premiers, furent sans pitié pour les seconds lors des élections qui suivirent.

Au demeurant, la société moderne renforce paradoxalement la tendance à engager la responsabilité du Prince sur les causes d'un coup du sort. Car plus les hommes vivent à leur aise et confortablement, plus ils sont choyés et gâtés, et plus ils ont du mal à supporter l'injustice du sort.

Son frère se plaignant de ce que leurs concitoyens eussent moins de considération pour lui-même que pour lui, Téléklos[1], roi de Sparte, lui avait répondu :

1. Roi agiade de Sparte, du IXᵉ siècle av. J.-C. Sparte avait deux rois qui régnaient ensemble, l'un agiade, l'autre eurypontide, descendants tous deux de jumeaux issus d'Héraclès.

« C'est que toi, mon frère, tu ne sais pas te soumettre à l'injustice, moi si. » De fait, l'indifférence devant l'injustice était un idéal chez les Spartiates qui, dans leurs prières, ajoutaient toujours le vœu d'être capables de la supporter. Plus proche de nous, lorsque, au printemps de 1967, le président égyptien Gamal Abdel Nasser[1] annonça qu'il entendait imposer un blocus du port israélien d'Eilat, le Premier ministre israélien Levi Eshkol[2] s'opposa farouchement aux généraux va-t-en-guerre désireux de lancer une attaque préventive contre l'Égypte, et de répondre ainsi à cette injustice par une autre injustice. Traité de lâche et d'indécis, décrié dans les journaux, vilipendé par l'opinion et mis en minorité au sein de son parti, Eshkol n'en accepta pas moins stoïquement, au nom de ses principes et de l'idée qu'il se faisait de l'État d'Israël, cette autre injustice que, après celle de Nasser, ses propres généraux et concitoyens lui imposaient.

Moins nous sommes capables de supporter l'injustice, plus il nous faut trouver un coupable sinon un responsable. D'autant que nous sommes bien plus volontaristes et bien moins fatalistes que nos ancêtres. Certes, tant que tout va bien pour nous, ne

1. Militaire et homme d'État égyptien (1918-1970), il conduisit la révolution de Juillet en 1952 qui renversa la monarchie et dirigea l'Égypte de 1956 jusqu'à sa mort d'une crise cardiaque.

2. Levi Eshkol, homme d'État israélien, né en Ukraine en 1895, troisième Premier ministre de l'État d'Israël, de 1963 jusqu'à sa mort d'une crise cardiaque en 1969.

croyant pas au *mektoub*[1], nous demeurons persuadés que nous contrôlons notre destinée. Mais dès lors qu'une infortune survient, nous voulons à tout prix en connaître la raison. Et si cette raison-là élude notre raisonnement, nous trouvons plus raisonnable (modernité exige !) d'en blâmer le Prince que d'en blâmer la fatalité à laquelle nous ne croyons pas, ou Dieu auquel nous croyons encore moins. Paradoxalement, jamais la fatalité n'aura autant pesé sur le Prince, que depuis que les hommes sont devenus moins fatalistes.

Même quand la responsabilité du Prince n'est pas engagée sur les causes d'un coup du sort, elle le demeure sur ses effets, sur sa gestion de l'événement. Désormais, en effet, le Prince est gestionnaire. Pour reprendre une distinction de Gilles Deleuze et Félix Guattari, si de rares Princes d'aujourd'hui sont encore des Rois-magiciens qui lient et délient d'un coup, par la conquête, la séduction, la magie ou le droit divin, l'écrasante majorité d'entre eux sont des Prêtres-juristes qui contrôlent et gèrent plus qu'ils ne lient, leur pouvoir dépendant surtout d'une bonne gestion de leur part dans la durée. Dans la mesure, donc, où le Prince Prêtre-juriste ne régnerait que parce qu'il administrerait, il lui est demandé de gérer au mieux les effets qu'une catastrophe peut avoir sur ses concitoyens qui ne sont pas, comme chez le Roi-magicien, ses sujets,

1. Destin (ou prédestination).

mais ses administrés. Et s'il devait faillir à cette mission, son prestige et son autorité s'en trouveraient affectés.

Roi-magicien, le « Raïs » égyptien Gamal Abdel Nasser survécut politiquement à la déroute de son armée face aux Israéliens en juin 1967, sa popularité auprès de son peuple n'en ayant aucunement souffert. Prêtre-juriste, le Premier ministre britannique Neville Chamberlain[1] paya, lui, un prix politique très fort pour avoir cherché à apaiser Adolf Hitler lorsqu'il ne le fallait pas.

Le besoin pressant que le Prince ressent aujourd'hui de tout gérer et de tout contrôler engage d'ailleurs davantage sa responsabilité dans l'événement, quel qu'il soit. Roi-magicien, le Prince d'antan avait certes droit de vie et de mort sur ses sujets, mais au quotidien, dans la mesure où ses sujets s'acquittaient de l'impôt et évitaient de se rebeller contre son autorité, il les laissait vivre leur vie comme ils l'entendaient (ou comme ils le pouvaient). Pas le Prince d'aujourd'hui, qui se veut Prêtre-juriste. Lui, le droit de vie et de mort sur les gens ne l'intéresse pas vraiment. Ce qui l'intéresse, en revanche, ce qui l'intéresse énormément même, c'est d'apprendre aux gens à vivre et de contrôler leurs existences au quotidien. Et pour cela, il promulgue des lois à tour de bras. Si la devise du Roi-magicien est « Je séduis

1. Homme d'État britannique (1869-1940), leader du Parti conservateur, Premier ministre de 1937 à 1940.

donc je suis», celle du Prêtre-juriste est assurément «Je légifère donc je suis». C'est aussi là sa raison d'être.

«Soit, lui dit alors celui qu'il gouverne et administre. Ainsi, tu voudrais me dire quoi manger, quoi boire, pourquoi il me faut arrêter de fumer, comment me déplacer, quelle voiture acheter, que faire de mes déchets, à qui faire ma cour et comment faire l'amour, quoi penser et en quels termes m'exprimer. Ainsi, tu voudrais contrôler et réglementer ma vie. Alors, dans ce cas, fais aussi en sorte que rien de mal ne m'arrive jamais et, s'il m'est désormais impossible de demeurer un être humain, assure-toi au moins que je reste vivant.» Et quand, un grand malheur arrivant, le Prêtre-juriste faillit à ce devoir, ses administrés se retournent contre lui et lui disent: «Eh quoi! Tu nous obliges à arrêter de fumer, mais tu laisses Tchernobyl et Fukushima nous irradier! Tu nous contrains à mettre la ceinture au volant, mais tu permets à des terroristes de nous annihiler avec leur voiture piégée!»

En cherchant à tout contrôler, tout réglementer, le Prince d'aujourd'hui se retrouve, on le voit, en position de faiblesse dès lors qu'un événement échapperait à son contrôle et à sa gestion. Ses administrés se disent alors que, quoi qu'il en dise et quoi qu'il promette, en réalité, ce Prince-là ne maîtrise rien puisque, se perdant dans les détails (ceinture de sécurité, tabagie, parler politiquement correct, et même standardisation des cercueils), il passe à côté de l'essentiel.

Or, comme je l'expliquais tantôt, du fait de la nouvelle réalité du monde, de l'augmentation de la population mondiale, de ses besoins, exigences et prétentions, du fait aussi du rétrécissement de l'espace et de l'accélération de l'histoire, les événements imprévisibles et leurs effets sont appelés à se multiplier, fragilisant d'autant plus le Prince dont la responsabilité est désormais engagée sur tout et n'importe quoi.

Des événements que le Prince suscite de son plein gré

J'entends là ces événements que le Prince aurait lui-même souhaités et suscités, soit dans l'espoir qu'ils serviraient son dessein et renforceraient son aura et son pouvoir, soit en réponse à une attaque ou une provocation de ses ennemis.

Je placerai dans cette catégorie les événements de prestige tels les grands mariages princiers, les manifestations culturelles importantes, les réunions au sommet, les conférences de paix et les manifestations sportives comme les Jeux olympiques et la Coupe du monde de football, les guerres de conquête ou les expéditions militaires lancées à titre punitif ou préventif contre un ennemi plus ou moins éloigné, les coups de filet policiers lancés sur le territoire même contre des groupes terroristes, ou subversifs, ou encore contre le crime organisé, les coups de force politiques telle la dissolution du Parlement et la tenue d'élections anticipées, ainsi que les grandes réformes entreprises en vue d'assainir les finances publiques, de donner un coup de fouet à la croissance ou de moderniser la société.

Des événements que le Prince suscite de son plein gré

Contrairement aux événements qu'il subirait (une catastrophe naturelle, par exemple, ou un krach boursier), ces derniers ne seraient évidemment, pour le Prince, ni imprévisibles ni inattendus, puisqu'il les aurait lui-même suscités. Encore moins seraient-ils redoutés puisqu'il les aurait lui-même souhaités. En principe, il devrait donc pouvoir les prendre dans sa foulée. En principe. Mais en réalité, ils peuvent être aussi lourds de dangers pour lui que ceux qui lui auraient été imposés. Pour quelle raison ?

Parce que les événements, *tous* les événements, éprouvent un malin plaisir à proliférer hors de tout contrôle et, de même qu'une personne d'une grande intelligence engendre souvent des rejetons débiles, de même un événement désirable a-t-il tendance, sous l'effet d'un coup du sort ou du fait d'individus donnés qui s'y grefferaient pour le détourner à leur avantage, à engendrer des événements indésirables.

Ainsi, le grand mariage, en 1981, du prince Charles, héritier de la Couronne d'Angleterre, avec Lady Diana Spencer, qui avait été conçu comme un événement médiatique et de relations publiques à l'échelle planétaire, destiné à redorer le blason de la monarchie britannique, se termina en vrai cauchemar pour la dynastie des Windsor : cauchemar que seul un autre grand mariage princier tenu trente ans après, celui justement du fils issu de ce mariage « maudit », aura réussi à effacer.

La tenue d'un sommet du G8, du G10 ou du G20 donne systématiquement l'occasion aux opposants à la mondialisation de créer en s'y greffant leur propre événement, altermondialiste, lui.

La grande fête internationale du sport qu'auraient dû être les Jeux olympiques de Munich en 1972 tourna à la tragédie lorsque des terroristes palestiniens en profitèrent pour massacrer des athlètes israéliens qui y participaient.

Les Jeux olympiques de 1980 à Moscou, censés servir les intérêts du leadership soviétique, eurent l'effet opposé après que les pays occidentaux les avaient boycottés.

Aux Jeux olympiques de Berlin en 1936, le triomphe d'un athlète noir américain gâcha la grande fête aryenne voulue par le régime hitlérien.

En 2012, le Grand Prix de Formule 1 de Bahreïn se retourna contre la famille régnante qui l'avait organisé comme une manifestation de prestige au service de ses intérêts, l'opposition chiite s'en étant servi pour médiatiser le conflit communautaire secouant ce petit royaume de la Péninsule arabique.

Le limogeage réussi d'un collaborateur trop ambitieux peut transformer un ancien serviteur en un dangereux comploteur. Ce fut récemment le cas au Sénégal, quand un Premier ministre démis de ses fonctions finit par remplacer le Prince à la tête de l'État. « Mieux vaut, dit un dicton politique anglo-saxon, le garder dans la tente et le voir uriner vers l'extérieur, plutôt que l'avoir à l'extérieur de la tente, urinant à l'intérieur. »

L'invasion, en 1982, des Malouines par la junte argentine, désireuse de faire jouer à son avantage la fibre patriotique, tourna à la déroute militaire et hâta la chute de ladite junte.

En dérapant, l'interpellation par la police britannique d'un délinquant à Londres durant l'été de 2011 provoqua de violentes émeutes dans tout le pays, lesquelles durèrent plusieurs jours.

Les tentatives du président Nicolas Sarkozy pour « dégraisser » la société française en vue de la rendre plus compétitive accentuèrent la fracture sociale en France et lui coûtèrent finalement sa réélection en 2012.

Nicolas Machiavel avait pourtant averti de l'extrême péril qu'il y avait pour le Prince à trop vouloir innover : « Rien n'est plus difficile à bien conduire, écrivait-il en effet, rien n'est plus casuel à réussir aussi et plus dangereux à manier, que de se rendre chef en introduisant des nouveautés : parce que l'introducteur des nouveautés se fait des ennemis de tous ceux qui se trouvaient bien de l'ancien état de choses et ne se fait, d'autre part, que de bien froids défenseurs de ceux qui gagnent au nouvel établissement[1]. »

Dangerosité de la nouveauté et, partant, de l'événement, attestée par le fait que, même quand le Prince

1. *Le Prince*, chapitre 6.

pense avoir atteint son objectif, longtemps après qu'on a entonné les chants de victoire, il arrive qu'un retour de flamme vienne lui rappeler que sa victoire laisse un goût bien amer.

Ainsi, si la victoire de l'armée israélienne dans la guerre de juin 1967 fut sans appel, les territoires conquis lors de cette guerre éclair pèsent encore aujourd'hui d'un poids immense sur l'État hébreu, embourbé dans un conflit inextricable avec ses voisins et les populations des territoires occupés.

Ainsi encore, quoique l'intervention militaire occidentale de 2011 en Libye eût été couronnée de succès, puisqu'elle provoqua la chute du colonel Kadhafi, elle n'eut pas moins pour effet pervers de disséminer les arsenaux libyens dans toute la région (y compris des missiles sol-air que les Occidentaux s'efforcent depuis de racheter à prix d'or), et d'accroître considérablement l'instabilité, tant en Libye que dans les pays du Sahel.

De même, quoique l'invasion occidentale de l'Afghanistan en 2001 et celle de l'Irak en 2003 eussent toutes deux été couronnées de succès, puisqu'elles provoquèrent et la chute du régime des Taliban et celle de Saddam Hussein, elles n'en eurent pas moins pour effet pervers de renforcer le régime iranien des mollahs (pourtant lui aussi honni par l'Occident) en le débarrassant de ses deux principaux ennemis dans la région : les Taliban à l'est, et Saddam Hussein à l'ouest.

Quant à l'exportation réussie par les États-Unis de la démocratie en Irak, elle aura atomisé la société irakienne, plongé le pays dans la guerre civile et fait, entre morts et blessés, plus d'un million de victimes dans la population. Tant et si bien qu'une grande majorité des Irakiens estime aujourd'hui que la vie était bien plus supportable sous la dictature de Saddam Hussein. À ce propos, Antigone le Borgne, l'un des généraux macédoniens qui se partagèrent, à sa mort, l'empire d'Alexandre, s'étant taillé un royaume puissant en Asie mineure, il y régna, comme Saddam Hussein, par le fer, le feu et le sang, jusqu'à ce qu'il fût vaincu par les autres diadoques réunis à la bataille d'Ipsos en l'an 301 avant notre ère. Pourtant, après sa mort, les vainqueurs, nous raconte Plutarque[1], se battirent entre eux et causèrent tant de ruine dans le pays qu'on vit un jour un paysan phrygien creuser, comme un fou, un grand trou dans la terre. Lorsqu'on lui demanda: «Que diable fais-tu là?», il répondit en sanglotant: «Je cherche Antigone!»

Encore plus périlleux, dans la catégorie des événements que le Prince susciterait de son plein gré, sont ceux qu'il déclencherait lui-même, mais cette fois en réponse à une menace ou à une provocation de ses ennemis. Très périlleux, ils le sont surtout parce que, réagissant alors à chaud, parfois même sous l'emprise de la colère ou

1. Historien et penseur grec, né en 46, mort en 127. Tous les apophtegmes antiques cités dans cet ouvrage sont tirés de ces *Œuvres complètes*, ainsi que des *Annales* et des *Histoires* de l'historien romain Tacite (né en 56, mort en 117), publiées dans la Loeb Classical Library et aux Belles Lettres.

mû par un désir de vengeance, le Prince n'aura souvent pas assez réfléchi aux tenants et aboutissants de sa décision. Avec, pour conséquence, que le contrôle de l'enchaînement des événements induits par l'événement premier auquel il aurait réagi lui échappe encore plus.

De fait, l'expédition punitive lancée en 2001 par une Amérique horrifiée par les Taliban, même si elle aura atteint ses objectifs affichés (à savoir, punir ces Taliban d'avoir abrité en leur sein les instigateurs des attentats du 11 Septembre, et ôter à Al-Qaïda son sanctuaire afghan), aura eu pour effet pervers de renforcer le sentiment anti-occidental dans les pays musulmans, accroissant ainsi considérablement le vivier où les terroristes pouvaient aller pêcher, et de disséminer par ailleurs une Al-Qaïda désormais atomisée partout dans le monde, la rendant ainsi plus difficile à localiser et à neutraliser.

Quand, en 1991, les éléments les plus conservateurs du parti communiste d'Union soviétique s'indignèrent (ah ! quand l'indignation nous prend !) puis s'insurgèrent contre la politique de réformes du Prince, et plus récemment, au Mali, quand des militaires courroucés (ah ! colère, quand tu nous prends !) se mutinèrent et se saisirent du pouvoir, l'affaire tourna court et, dans les deux cas, donna des résultats diamétralement opposés à ceux que les putschistes avaient espérés.

Les plans drastiques d'austérité votés en 2011 et 2012 dans l'urgence et la panique par un parlement grec totalement dépassé, et obnubilé par l'idée de la banqueroute qui menaçait, provoquèrent des troubles considérables dans tout le pays et discréditèrent totalement la classe politique grecque, faisant le jeu des extrêmes.

La décision des anciens présidents tunisien Zine el-Abidine Ben Ali, et égyptien Hosni Moubarak, de répondre en 2010 aux manifestations spontanées hostiles à leurs régimes par une répression sanglante et irréfléchie, entraîna une escalade de la violence qui eut finalement raison d'eux.

Faudrait-il pour autant, m'objectera-t-on, ne point réagir à une menace, une provocation ou une humiliation ? Un Prince se laisse-t-il faire tel un mouton ? Certes non. Il devrait néanmoins garder à l'esprit que sa réaction à une menace, à une provocation ou à une humiliation ne sera jamais qu'un événement induit par l'événement premier, suscité par ses ennemis, et que cet événement induit en induira d'autres après lui. Or, comme le disait Machiavel, « le Prince ne doit pas avoir en vue seulement les désordres présents, mais il lui faut encore prévenir ceux que peut faire naître l'avenir[1] ». C'est pourquoi, plutôt que de se contenter de réagir à un événement premier suscité par ses ennemis, le Prince devrait s'évertuer à empêcher cet événement premier d'advenir.

En tout état de cause, il ferait toujours bien de se rappeler que, quand bien même il l'aurait lui-même

1. *Le Prince*, chapitre 3.

souhaité et suscité, il entre dans un événement comme il entrerait dans un labyrinthe. Et, comme dans un labyrinthe, s'il sait à quel moment il y entre, il ne peut jamais savoir quand il en sortira.

J'évoquais tantôt le cas du Premier ministre israélien Levi Eshkol qui, en 1967, s'était opposé farouchement à Moshe Dayan[1] et aux autres généraux israéliens, déterminés à lancer sans attendre une attaque contre l'Égypte, les implorant en vain de voir dans quelle impasse l'adoption du principe des frappes préventives mènerait le peuple juif et l'État d'Israël. De fait, l'histoire allait lui donner raison, la guerre préventive lancée contre l'Égypte en juin 1967 ayant ouvert une véritable boîte de Pandore d'événements qu'Israël continue de subir (émergence de l'OLP puis du terrorisme palestinien dès 1969, guerre du Kippour en 1973, soulèvements palestiniens répétés dans les territoires occupés, montée des islamistes palestiniens et du Hezbollah libanais), et auxquels l'État hébreu persiste à vouloir répondre par des frappes préventives qui engendrent à leur tour d'autres événements. Tant et si bien que d'aucuns, versant dans l'humour noir, ont fini par détourner le slogan de l'Office israélien du tourisme pour en faire : « Visitez Israël… avant qu'Israël ne vous visite ! »

1. Militaire et homme politique israélien, 1915-1981, qui fut chef d'état-major de l'armée israélienne de 1955 à 1958, notamment lors de la crise de Suez et de la guerre de 1956 contre l'Égypte, et un acteur prépondérant de la guerre des Six Jours lorsqu'il fut nommé ministre de la Défense.

Des événements que le Prince reçoit en héritage

Par ceux-là j'entends des événements qui ne seraient pas le fait du Prince, pas plus qu'ils ne lui auraient été imposés par le sort ou par ses ennemis, mais qui lui auraient été laissés pour ainsi dire en legs par ses prédécesseurs. Puisant leurs racines dans le passé, ces événements n'en résonnent pas moins dans le présent, et le Prince se doit donc de les gérer.

Je placerai dans cette catégorie des événements tels que :

- les anciennes conquêtes coloniales ayant donné naissance à de grands empires ;
- les exploits et les réalisations passés ayant façonné l'image qu'une nation a d'elle-même (ainsi, l'idée de la « grandeur » de la France, ou celle d'un Empire britannique « sur lequel le soleil ne se coucherait jamais ») ;
- les guerres territoriales ayant entraîné l'annexion par un pays d'un territoire appartenant à un pays voisin (par exemple l'occupation de territoires arabes par Israël après la guerre de juin 1967) ;

- les expéditions guerrières, qu'elles soient préventives ou punitives (les Américains au Vietnam, en Irak ou en Afghanistan, et avant eux les Soviétiques et les Britanniques dans ce même Afghanistan) ;
- les accords et traités ayant créé des frontières artificielles (ainsi le découpage de l'Afrique par les puissances coloniales ou celui des provinces orientales de l'Empire ottoman après la Première Guerre mondiale) ;
- les conflits ayant engendré des haines durables entre peuples voisins (les Arabes et les Israéliens, les Turcs et les Arméniens, les Abkhazes et les Géorgiens…) ;
- les humiliations subies par le passé et toujours ressenties (ainsi, pour l'Allemagne, les termes du traité de Versailles de 1919, pour les Palestiniens la *nakba*, ou catastrophe, de 1948, ou pour les Chinois la guerre de l'Opium imposée au XIXe siècle par les puissances occidentales) ;
- les guerres révolutionnaires ou de libération ayant accordé des privilèges à certains groupes en reconnaissance de leur rôle dans la recomposition de la nation (comme le FLN algérien ou l'armée turque après la guerre d'Indépendance, ou le Parti communiste chinois après la Longue Marche) ;
- les luttes sociales ayant mené à l'obtention de droits et d'acquis (en Angleterre comme en France, l'État-Providence, ou, en Tunisie, le code du statut personnel de 1956 garantissant les droits de la femme) ;
- ou, enfin, les choix technologiques ayant engendré des tendances lourdes à long terme (pensons, en

France, au choix du nucléaire comme source privilégiée d'énergie).

De fait, dès 1945, en France comme en Angleterre, la question de savoir que faire de l'empire colonial hérité des conquêtes passées s'était posée avec acuité. Fallait-il faire preuve de réalisme et se défaire sans tarder des possessions d'outre-mer, au risque de perdre son statut de métropole et tous les avantages politiques, militaires, économiques et financiers qui en découlaient ? Ou fallait-il plutôt s'y accrocher, au risque de se faire rappeler à l'ordre par les nouvelles puissances du moment, Amérique et Union soviétique, et montrer ainsi au monde entier que le roi, fût-il anglais ou français, était nu, désormais (comme on le vit pour les Français en Indochine, les Anglais en Inde, et les deux à Suez) ?

La réponse donnée à ce cruel dilemme ne fut pas la même à Londres qu'à Paris. En Angleterre, le Prince tira promptement les leçons du dernier grand conflit mondial et entama plus vite un processus de décolonisation, qui se déroula ensuite sans trop de heurts, en partie grâce à la Guerre froide. S'autoproclamant fidèle lieutenant du Prince américain, entendu comme chef de file du camp occidental, il s'aligna en effet sur ce dernier et s'y adossa aussi. Il put ainsi inscrire les quelques accrocs qui accompagnèrent inévitablement le processus de décolonisation qu'il avait entamé (notamment dans la péninsule malaise) au compte de la Guerre froide, et compenser par son alliance étroite avec l'Amérique ce qu'il perdait en statut en accordant leur indépendance à ses anciennes colonies.

Le Prince français ne fit rien de tout cela. Contrairement à son *alter ego* anglais, au sortir du deuxième grand conflit mondial il ne cherchait nullement à se mettre sous l'aile du leader américain. Il cherchait plutôt à affirmer son identité, et il clamait donc haut et fort son indépendance, son exception et sa totale souveraineté. Il se trouva de ce fait dans l'incapacité, et de donner à sa politique coloniale une dimension idéologique supranationale (comme la lutte entre l'empire du Bien et celui du Mal, entre le monde libre et le monde communiste), et de compenser la perte de statut que la décolonisation impliquait pour lui par un rôle accru qu'il jouerait au sein du bloc occidental (d'où les démêlés du général de Gaulle avec l'Otan). Avec, pour résultat, que la décolonisation se passa moins bien pour lui que pour le Prince anglais qui avait déjà ôté l'habit impérial pour revêtir celui de simple écuyer.

Un même dilemme se retrouve au demeurant dès que la question se pose de savoir si une nation devrait, au risque de se brûler les ailes, demeurer fidèle à son glorieux passé, ou si elle ne ferait pas mieux de rabattre ses prétentions, au risque d'entrer, littéralement, en dépression.

Appelées au loin, nos flottes trépassent ;
Sur les dunes et les promontoires, les feux s'effacent ;
Hélas, toute notre gloire d'antan
Avec celle de Ninive et de Tyr se confond
à présent !
Épargne-nous encore un temps, ô Juge des Nations.
De peur que nous n'oubliions – de peur que
nous n'oubliions !

Comme ces quelques vers de Kipling l'illustrent bien, les nations, comme les humains, font aussi des dépressions. Les exemples français et anglais suggèrent cependant que, même si l'attachement à un passé glorieux demeurait aussi fortement ancré de part et d'autre de la Manche, la perte de confiance en soi aura moins touché l'Angleterre que la France.

Confrontée dès les années 1940 à la perte inéluctable de son influence dans le monde, l'Angleterre s'imagina en effet très tôt sous les traits d'une Athènes vaillante, quoique vieillissante, tendant de sa main tremblante la flamme sacrée de ses valeurs et de ses traditions à une Amérique qui lui apparaissait alors sous les traits d'une jeune Rome vigoureuse. À charge, bien sûr, pour cette dernière, de porter ces valeurs et ces traditions haut et loin en les propageant aux quatre coins de la terre.

« Regardez vers le Couchant, s'écriait dès 1941 Winston Churchill en s'adressant aux Anglais assiégés par les Allemands, regardez vers le Couchant, l'espoir est là ! » Et un peu plus tard, l'un de ses successeurs,

Harold Macmillan[1], se voyait, lui, dans le rôle du sage grec prodiguant ses conseils avisés à un jeune empereur romain répondant au nom de John Fitzgerald Kennedy.

C'est dire que, très tôt, le Prince anglais fit un transfert d'ego vers le Prince américain, quand les succès militaires, diplomatiques, technologiques et économiques de ce dernier devinrent les siens, ce qui lui évita la grande déprime qui aurait dû accompagner son déclin.

N'ayant pas quant à lui un tel grand frère vers qui faire ce genre de transfert, le Prince français vécut plus péniblement le hiatus entre sa grandeur passée et ses moyens présents. Il finit donc, pour ne plus avoir à trancher, par se projeter dans l'Europe et dans la Françafrique[2], espérant se trouver ainsi de nouveaux moyens pour se maintenir en haut de l'échelle, et soigner son mal-être existentiel.

S'agissant de ces événements qui lui viennent donc en héritage, qu'ils soient dettes douteuses ou patrimoine précieux, le même dilemme attend le Prince sur tous les plans et dans tous les domaines.

Faut-il, lorsqu'on est un Prince israélien, restituer à ses voisins arabes des territoires annexés lors de conquêtes passées (le Sinaï, le Golan, la Cisjordanie

1. Harold Macmillan, 1894-1986, a été Premier ministre du Royaume-Uni de janvier 1957 à octobre 1963.

2. Le terme désigne la relation postcoloniale malsaine entre la métropole française et ses anciennes colonies africaines.

ou Jérusalem-Est) en échange de la paix, au risque de s'exposer et de se mettre aussi à dos une partie de l'opinion ? Ou ne vaudrait-il pas mieux préférer une profondeur territoriale stratégique (Golan) et un acquis hautement symbolique (Jérusalem-Est) à une paix froide avec les Arabes ?

Faut-il, lorsqu'on est un Prince égyptien, chercher à se gagner les faveurs du Prince américain en renforçant les liens avec l'ancien ennemi israélien, au risque d'aller à l'encontre du sentiment anti-juif profond animant sa population ? Ou ne vaudrait-il pas mieux s'en tenir à une paix froide et rester en phase avec l'opinion, quitte à perdre des aides américaines se chiffrant en milliards de dollars ?

Faut-il, lorsqu'on est un Prince américain, assumer une guerre étrangère impopulaire héritée d'un prédécesseur (Nixon avec le Vietnam de Kennedy, Obama avec l'Irak de Bush), au risque de s'aliéner une partie de plus en plus grande de l'opinion ? Ou ne vaudrait-il pas mieux envisager d'ores et déjà un retrait en bon ordre avant la prochaine échéance électorale, quitte, pour cela, à accepter une moindre mesure de contrôle et d'influence dans telle ou telle région du monde ?

Faut-il, lorsqu'on est Prince et membre du Conseil de sécurité de l'Onu, s'en tenir aux frontières internationales issues du découpage colonial, au risque de voir les conflits se multiplier en Asie ou en Afrique ? Ou ne vaudrait-il pas mieux jeter aux orties le sacro-saint principe de l'intangibilité des frontières, quitte à voir de nombreux pays (Soudan, Libye, Irak, Algérie, Liban, Syrie) éclater en autant de foyers ethniques ou communautaires ?

Faut-il, lorsqu'on est un Prince turc, accepter une Constitution qui, depuis Atatürk, fait la part belle à l'armée dans la vie politique, au risque de demeurer l'otage des militaires ? Ou ne vaudrait-il pas mieux modifier la Constitution au risque de pousser ces derniers dans leurs ultimes retranchements ?

Faut-il, lorsqu'on est un Prince français ou anglais, remettre en cause l'État-Providence, quitte à provoquer une fracture sociale et des troubles dans le pays ? Ou ne vaudrait-il pas mieux ne point toucher aux acquis sociaux, au risque de s'empêcher de réformer la société ?

Faut-il, lorsqu'on est un Prince tunisien porté au pouvoir par une vague électorale islamiste, introduire la charia et abroger un code du statut personnel garantissant les droits de la femme, au risque de s'aliéner les amis occidentaux du pays et voir le tourisme péricliter ? Ou ne vaudrait-il pas mieux surseoir à une telle décision, quitte à décevoir sa base électorale ?

Faut-il, lorsqu'on est un Prince français, réduire la part du nucléaire dans la production d'énergie, au risque de s'aliéner des lobbies industriels puissants et heurter une partie de l'opinion pour qui le nucléaire est synonyme d'indépendance et de souveraineté ? Ou ne vaudrait-il pas mieux gagner du temps sur ce dossier, quitte à violer la promesse que l'on aura faite à ses électeurs ?

On le voit, qu'il souhaite les faire siens ou s'en laver les mains, qu'il les considère comme un héritage sacré ou comme des chaînes qui l'entravent, les événements reçus en legs de ceux qui l'ont précédé sont pour le Prince les plus ardus à négocier. Car, s'il lui faut là choisir entre deux maux, il ne lui sera pas toujours aisé de savoir lequel est le moindre. Et quoi qu'il décide de faire, il peut être assuré de faire des mécontents.

Des armes dont le Prince dispose face aux événements

On l'a vu, la déferlante des événements est désormais telle qu'il serait vain que le Prince cherchât à se préserver de son tumulte en se calfeutrant dans sa forteresse en papier mâché, ou alors, comme s'en désolait Ibn Zafar le Sicilien[1], en se cachant dans un tronc d'arbre comme un caméléon et en attendant que l'orage passât. Des Princes aussi frileux que ceux de la Corée du Nord, de la Birmanie ou de l'Arabie Saoudite, s'y sont essayés sans succès. Si menaçants que soient les événements, le Prince n'a d'autre choix que de leur faire face. Toute autre ligne de conduite serait d'ailleurs indigne de lui.

Au demeurant, dans ce face-à-face, le Prince n'est ni tout à fait démuni ni tout à fait impuissant. Ses armes sont le Renseignement, l'Escompte, la Mystification et

1. Ibn Zafar le Sicilien (Abû Abd Allâh Muhammad Ibn Abî Muhammad Ibn Zafar al-Siqillî al-Makkî al-Mâlikî), né en Sicile en 1104, mort en Syrie vers 1171, était un penseur politique et un théologien arabe. Son ouvrage sur l'exercice du pouvoir, *La Consolation du Prince face à l'hostilité de ses sujets*, en fait un précurseur de Nicolas Machiavel.

la Diversion. Le Renseignement lui permet de prévoir l'événement avant qu'il n'advienne et de gagner ainsi le temps nécessaire pour s'y préparer. L'Escompte lui offre la possibilité d'anticiper sur les conséquences de l'événement jusqu'à en faire, idéalement, un non-événement. La Mystification lui permet de présenter l'événement sous un jour qui lui serait favorable. Enfin, s'il devait échouer à prévoir l'événement, à en escompter les effets et à le présenter sous un jour favorable, la Diversion est là pour l'aider à esquiver le coup lorsqu'il survient, et à en faire retomber le poids sur quelqu'un d'autre.

Il en va au demeurant de cette épée de Damoclès suspendue au-dessus de la tête du Prince comme il en va de toutes les épées. Elle a certes une lame aiguisée et une pointe acérée, mais elle est aussi munie d'une poignée. Excellant dans l'art du Renseignement, de l'Escompte, de la Mystification comme de la Diversion, le Prince avisé cherchera donc à se saisir de cette poignée afin de transformer ce qui a été pour lui un danger en une opportunité.

Pélopidas[1], à l'un de ses soldats lui ayant dit : « Nous sommes tombés sur les ennemis », ne répondit-il pas : « Pourquoi ne pas dire plutôt qu'ils sont tombés sur nous » ? Plus proche de nous, lors du dernier grand conflit mondial, le Prince anglais, lui, réussit à trans-

1. Général thébain du IVe siècle av. J.-C., il combattit les Spartiates avec succès.

former la débâcle de ses armées face aux Allemands dans la campagne de France en « l'esprit de Dunkerque » et s'en servit pour asseoir plus encore son autorité et cimenter la nation autour de lui.

Rien, en effet, n'est bon ou mauvais en soi. Seule la pensée, on le sait, le rend ainsi[1]. Un Prince digne de ce nom s'évertuera donc à se servir de ce qui, en principe, aurait dû le desservir.

1. L'auteur fait allusion ici à une réplique de Hamlet, dans la pièce éponyme de Shakespeare.

Du Renseignement entendu comme une arme face aux événements

Dans la mesure où il lui donne une vraie visibilité, le Renseignement est sans conteste le meilleur outil dont dispose le Prince pour s'orienter et naviguer sur l'océan démonté de la vie politique.

Dans un pays qui s'entre-déchirait, je me retrouvai un jour de printemps dans une grande manifestation de rue qui fut réprimée dans le sang. Les tirs ayant cessé, je finis par me dépêtrer des corps qui m'avaient protégé en me recouvrant. Ensanglanté, je jetai alors un œil circonspect autour de moi. Mon premier sentiment, une fois le choc passé, ne fut pas de soulagement à l'idée que le sang qui recouvrait mes vêtements n'était pas le mien. J'étais trop jeune pour cela, et bien trop inconscient. Ce n'était pas plus de la rage à l'égard des responsables de cette boucherie. Je devais être déjà trop vieux pour cela. C'était un sentiment de profonde tristesse à l'idée que ce carnage aurait pu être évité.

Ce jour-là, je compris toute l'importance du Renseignement. Son importance, non seulement pour mon humble personne, afin que plus jamais je ne puisse me trouver au mauvais endroit au mauvais moment, mais aussi pour le Prince d'en face qui, s'il avait su prévoir les événements et leurs conséquences pour lui, n'aurait pas fait ouvrir le feu sur des manifestants désarmés. De fait, après la répression de cette manifestation, le Prince qui avait donné à la troupe l'ordre de tirer sur la foule fut contraint à la démission.

Cette expérience dut me marquer car, quoique j'aie toujours eu la publicité en horreur, il en est une, pour le *Times* de Londres, qui reste gravée dans ma mémoire. Elle montre un tableau, dans son cadre XIXe, sur lequel on peut voir au premier plan une famille en costume d'époque pique-niquant dans un vallon verdoyant et, au loin, une troupe de cavaliers fondant sur elle, bride abattue et sabre au clair. *Have you ever wished you were better informed?* (Auriez-vous souhaité avoir été mieux informé ?), dit le slogan publicitaire, dans une claire allusion à la charge de la Brigade légère à Balaklava lors de la guerre de Crimée[1].

De même qu'à notre réveil nous ouvrons les yeux et regardons autour de nous pour nous situer et nous

1. La guerre de Crimée opposa de 1853 à 1856 l'Empire russe à une coalition menée par les Anglais et les Français venus à l'aide des Turcs ottomans, et se termina par la défaite de la Russie.

repérer, de même le Prince, pour gouverner, a besoin de se renseigner. Thomas Hobbes[1] ne s'y trompait pas, qui disait que les espions sont aussi importants pour le souverain que les rayons de lumière le sont à l'âme humaine pour le discernement des objets visibles. Quoique, de nos jours, au vu de la multiplicité des domaines d'activités humaines, et de la quantité infinie d'événements et de défis de toute nature auxquels le Prince est confronté, il faudrait, aux côtés des éclaireurs traditionnels et des éternels agents secrets, ajouter à la catégorie « espions » de Hobbes des métiers aussi divers que ceux de sismologue, vulcanologue, climatologue, psychologue, sociologue, nutritionniste, épidémiologiste, économiste, historien, statisticien, généticien, mathématicien des probabilités, et ainsi de suite. Ce sont tous là en effet des métiers du Renseignement où le Prince ira puiser matière à réflexion dès lors qu'il s'agira pour lui de prévoir les événements de sorte qu'il ne soit jamais pris au dépourvu, de préparer soigneusement ceux qu'il souhaitera lui-même initier, de sorte qu'ils ne se retournent jamais contre lui, ou d'évaluer à leur juste poids les événements que ses prédécesseurs lui ont légués pour savoir s'il lui faudra les assumer ou s'en délester.

1. Philosophe anglais, 1588-1679, l'un des premiers penseurs de l'État moderne, auteur de la célèbre phrase : « À l'état de nature, l'homme est un loup pour l'homme ».

Mais qu'est-ce, au juste, que le Renseignement, et à quoi sert-il vraiment ? Afin de répondre à cette question, je prendrai un exemple tiré de la vie quotidienne.

Soit quelqu'un qui sort de chez lui le matin et veut traverser la rue pour prendre un autobus qui le mène à son lieu de travail. Jetant un œil autour de lui, que voit-il ? À sa droite, une centaine de mètres plus haut, il voit un autobus qui approche lentement de l'arrêt situé de l'autre côté de la rue. Roulant en sens inverse du bus, il voit aussi, à sa gauche, une vieille Jaguar Mk2 rouge. Il remarque de même que la chaussée est encore mouillée de l'averse de la nuit, et qu'une grosse flaque d'eau s'est formée près du trottoir, là où la chaussée s'est affaissée. Il voit que quelqu'un a jeté une canette de bière vide par terre. Il aperçoit en outre une jolie femme arrivant sur sa gauche et, se dirigeant toujours vers lui mais venant cette fois de la droite, un homme qui, vu de loin, lui semble familier. Autant d'informations qui lui sont données d'un coup.

À présent, si le but que poursuit cette personne est bien d'attraper le bus pour arriver à temps à son travail, desquelles, parmi toutes les informations qui lui sont données, aura-t-elle besoin ? Certainement, il lui faudra s'assurer que l'autobus qui s'approche est le bon et non un autobus desservant une autre ligne que la sienne. Il lui faudra ensuite évaluer rapidement la distance à laquelle se trouve l'autobus et le temps qu'il lui faudra pour atteindre l'arrêt, et comparer cela au temps nécessaire pour traverser la rue et atteindre ce même arrêt. Certainement aussi, il devra évaluer la vitesse à laquelle roule la voiture arrivant en sens inverse et le temps nécessaire pour qu'elle arrive à sa hauteur. Il lui faudra de même prendre en considération le fait que la chaussée est glissante et tenir compte de la flaque d'eau.

Toutes ces informations sont, dans l'optique que cette personne-là se serait fixée, autant de renseignements précieux. Quant aux autres informations, comme la marque et le modèle de la voiture rouge, la femme venant de la gauche, l'homme arrivant de la droite, la canette de bière, tout cela, qui n'entre pas vraiment dans sa problématique, demeure simple indication, à prendre ou à laisser. En tout cas, ce ne sont pas pour cette personne des renseignements, car elle n'en a pas besoin pour traverser la rue sans danger et attraper l'autobus à temps.

En revanche, dès lors que cette personne serait aussi un amateur de voitures anciennes, les informations détaillées concernant la voiture rouge qui arrive de sa gauche deviendront-elles aussi des renseignements, quand elle sera tentée de différer un moment sa traversée afin de voir l'ancienne Jaguar passer et l'admirer ainsi de près. Au risque, bien sûr, de rater son bus. De même, si cette personne-là se trouve être un amateur de femmes, l'information concernant la jolie passante arrivant sur sa gauche deviendra-t-elle aussi renseignement, quand, au risque encore une fois de rater son bus, elle sera tentée de rester sur place pour la voir passer, voire pour l'aborder. De façon similaire, si elle a un sens civique exacerbé, la canette de bière vide deviendra elle aussi un renseignement, quand, pestant contre le malotru qui l'aurait jetée puis voulant la ramasser pour en garnir la poubelle la plus proche, elle risquerait, là aussi, de rater son objectif premier qui est d'attraper le bus. Et si cette personne-là se trouve par hasard être un joueur invétéré et croit reconnaître en l'homme qui approche un bookmaker auquel elle doit de l'argent, cette information deviendra à son tour un renseignement. Le joueur endetté sera alors tenté de jeter la prudence au vent et, faisant fi de la voiture arrivant de la gauche et de la chaussée glissante, il traversera peut-être la rue en trombe avant que ledit créancier ne l'ait reconnu. Au risque, bien sûr, de glisser ou de se faire renverser.

De ce qui précède, on aura compris que ce qui distingue le Renseignement de la simple information, c'est que le Renseignement répond nécessairement à un questionnement, sa fonction étant d'aider la personne qui se pose la question à réagir à une situation donnée, à passer à l'action, et à arriver sans encombre d'un endroit à un autre ou d'un statut à un autre. Dans le cas qui nous occupe, il s'agissait pour quelqu'un de passer sans dommages d'un trottoir à celui d'en face, et du statut lent du piéton à celui, plus rapide, d'un usager des transports en commun.

On aura de même compris que ce qui est un renseignement utile pour l'un peut se révéler une information sans utilité aucune pour quelqu'un d'autre. Ainsi, l'information sur la jolie passante n'est un renseignement que pour un coureur de jupons, et l'information sur le bookmaker qui arrive de la droite n'est un renseignement que pour un joueur criblé de dettes.

Enfin, on aura aussi compris que le Renseignement ne vaut que dans la mesure où l'objectif sera bien défini et les priorités clairement établies. Dès lors, cependant, que les priorités d'une personne ne seraient pas claires, son appréciation des renseignements dont elle dispose s'en ressentira, et l'objectif qu'elle s'était fixé pourra alors ne pas être atteint. Comme le montrent les exemples du joueur endetté, du coureur de jupons, de l'amateur de voitures anciennes et du donneur de leçons civiques, on ne court pas impunément plusieurs lièvres à la fois.

Or, qu'il veuille, s'agissant d'un général en campagne, faire passer son armée d'une rive à l'autre d'un fleuve, ou qu'il veuille, s'agissant d'un homme politique en campagne, passer du statut de candidat à une élection présidentielle à celui de président élu, il en va du Prince exactement comme il en va d'une personne tout à fait ordinaire souhaitant traverser la rue pour attraper son bus. Dans la mesure où son objectif et ses priorités seraient clairs, le Renseignement est là pour l'aider à atteindre son but. Dès lors, cependant, qu'il poursuivrait plus d'un objectif à la fois et que ses priorités seraient permutables, son appréciation des renseignements dont il dispose et l'exploitation qu'il en fera s'en trouveront viciées, quand il ne pourra plus vraiment s'appuyer dessus pour escompter pleinement l'événement auquel il est confronté.

À vaincre sans péril, on triomphe sans gloire, dit-on ironiquement. Mais, dans ce cas, s'il veut à tout prix vaincre glorieusement, le Prince courra assurément deux lièvres à la fois : la victoire, oui, mais aussi la gloire. Or le Prince responsable, qui place le bien de son peuple au-dessus de ses penchants pour la gloire, ou de son goût prononcé pour les poussées d'adrénaline, ne peut se permettre de tels enfantillages qui, confondant plusieurs objectifs à la fois, l'obligent à s'en remettre à la Fortune et rendent de ce fait l'issue incertaine.

Il y a de cela vingt-deux siècles, le Spartiate Léotychidas disait déjà que la meilleure façon de conserver le pouvoir était de ne point tout confier à la Fortune[1]. Au demeurant, pour les Grecs anciens, *elpis*, l'espoir, n'était pas toujours une notion positive, et les Spartiates, qui excellaient dans l'art de la guerre, pensaient pour leur part que c'était uniquement la main sur l'ouvrage qu'il fallait invoquer la Fortune.

Sun Tse[2] va encore plus loin : « Le Prince, dit-il,

1. Il s'agit de Léotychidas Ier, roi eurypontide de Sparte dans la seconde moitié du VIIe siècle av. J.-C.

2. Sun Tse (ou Sun Tzu), stratège et théoricien militaire chinois de l'art de la guerre. On pense qu'il vécut entre le VIIIe et le Ve siècle av.

ne cherchera pas à dompter ses ennemis au prix de combats et de victoires, car s'il y a des cas où ce qui est au-dessus du bon n'est pas bon lui-même, c'en est ici un où plus on s'élève au-dessus du bon, plus on s'approche du pernicieux et du mauvais. Il faut plutôt au Prince subjuguer l'ennemi sans donner bataille : ce sera là le cas où plus il s'élèvera au-dessus du bon, plus il approchera de l'incomparable et de l'excellent. Une armée victorieuse remporte l'avantage avant même d'avoir livré bataille, tandis qu'une armée vouée à la défaite combat dans l'espoir de gagner. »

Or c'est précisément cette part d'espoir qui désespère les praticiens du Renseignement. Car, qui dit espoir, dit incertitude, le but du Renseignement étant de lever toute incertitude concernant une entreprise lancée par le Prince, qu'il s'agisse pour ce dernier de faire face à un événement auquel il serait confronté, de mener à bien un événement souhaité, ou de gérer au mieux des événements hérités du passé.

On touche d'ailleurs là à l'essence même du Renseignement : à ce à quoi il tend vraiment et qui n'est, ni plus ni moins, que l'abolition pure et simple du temps. Abolition du temps, de sorte que, face à un événement, le Prince puisse faire l'impasse sur l'avenir

---

J.-C. Son traité intitulé *Les Treize Principes* (aussi connu sous le nom de *L'Art de la guerre*) est resté célèbre. La citation est extraite du troisième de ses *Treize Principes*.

proche et incertain (ainsi, la bataille du lendemain) pour se projeter immédiatement dans un avenir plus lointain mais combien moins incertain (la victoire, enfin !). Dans son essence, le Renseignement tend de fait, en révélant une vision claire et complète de l'avenir, à fondre l'avenir avec le présent.

J'évoquais tantôt ce jour où, m'étant trouvé au mauvais endroit au mauvais moment, j'avais pris pleinement conscience de l'importance du Renseignement. Quinze ans plus tard, une autre péripétie de la vie allait, cette fois, m'éclairer sur ses limites dès lors qu'on l'envisagerait dans la perspective de sa finalité, celle d'abolir le temps.

C'était à la veille d'une bataille qui s'annonçait incertaine et j'avais alors à éclairer un Prince sur les intentions de l'ennemi et les moyens dont il disposait. Or, plus je le renseignais à ce sujet, plus il en redemandait, n'étant jamais satisfait. Ce que ce Prince voulait, en réalité, c'était réduire jusqu'à la rendre nulle la part d'incertitude dans la bataille qui s'annonçait : risque zéro.

Les renseignements alors en ma possession n'étaient cependant pas suffisants pour ce faire, et l'exigence que ce Prince-là avait d'abolir la part d'espoir me remplissait de désespoir. Il me fallait néanmoins, d'une manière ou d'une autre, lever cette part d'incertitude, et j'entrepris de le faire en puisant dans mon expérience et ma connaissance de l'ennemi, de son mode opératoire et de la manière dont il avait mené des batailles passées : quel type d'armements avait-il utilisé auparavant ? était-il sensible à l'image que les médias donnaient de lui ? respectait-il les usages, ou lui était-il déjà arrivé de lancer lâchement une attaque à l'heure indue du thé ? et ainsi de suite.

Je recourais aussi aux opérations logiques de la déduction, de l'induction, de l'extrapolation et de la projection, pour combler les trous laissés dans le puzzle que je devais reconstituer par l'absence de renseignements. Exemples : parce que je sais que sur un axe donné il y a un tronçon de route entre les points A et B, et un autre entre les points C et D, j'en déduis, même si je ne le sais pas, qu'il doit aussi y avoir un tronçon entre les points B et C ; parce que, par le passé, l'ennemi s'est conduit de telle façon dans telle situation, j'en déduis, même si je ne le sais pas, que dans une situation similaire il se conduira demain de la même façon ; et ainsi de suite.

À l'époque, tout fier d'avoir réussi à rendre cohérent ce qui avait été incohérent, et d'avoir fait la lumière là où il y avait eu les ténèbres, je n'en avais pas été conscient. Mais, bien plus tard, j'en vins à me dire que j'avais sans le savoir touché là aux limites de l'art du Renseignement, à savoir l'impossibilité dans laquelle il se trouve d'aller au-delà d'un certain seuil qualitatif pour remplir sa fonction essentielle, abolir le temps. Et ce, parce qu'étant dans l'incapacité de voir l'avenir avec les yeux du présent (dans la continuité, pour ainsi dire), il se contente de le voir avec les yeux du passé.

Avec le recul, j'avoue humblement que mes plus grandes erreurs d'appréciation auront porté sur des sujets que je possédais pourtant à fond. Et pourquoi cela ? Parce que le savoir considérable que j'avais amassé à leur propos avait fini par m'empêcher, par son épaisseur même, de voir et d'apprécier à leur juste valeur les indices nouveaux qui s'offraient à moi. Comme ces indices-là ne cadraient pas avec ma vision des choses, je les négligeais, les poussant de côté, avec pour résultat que, déterminé que j'étais de continuer à voir le réel tel qu'il devait être selon moi, je me retrouvais dans l'incapacité de le voir tel qu'il était vraiment, et de prévoir correctement la suite des événements. Non que le savoir et l'expérience soient mauvais en soi. Il est cependant impératif de toujours garder à l'esprit qu'ils ne sont jamais que le passé et qu'ils n'engagent de ce fait aucunement le présent, encore moins l'avenir.

Pour illustrer mon propos plus avant, je prendrai encore une fois un exemple pratique tiré de la vie de chaque jour.

Vous allez avec votre conjoint faire une promenade en forêt. Le temps est à la brume et l'heure au crépuscule. En chemin, vous vous attardez pour cueillir des champignons. Lorsque vous vous relevez pour poursuivre votre marche, vous voyez votre conjoint à une centaine de mètres devant vous. Mais le voyez-vous vraiment ? Êtes-vous bien certain qu'il s'agit de lui ?

En réalité, ce que vous voyez, c'est une silhouette qui ressemble à la sienne. Mais parce que vous êtes arrivés ensemble et que vous n'avez croisé personne d'autre entre-temps, vous êtes intimement convaincu qu'il s'agit de lui. Mais en réalité vous n'en savez rien, n'est-ce pas ? Il pourrait tout aussi bien s'agir d'une autre personne. Ce qui s'est passé, c'est que, à un moment donné, votre perception cognitive a pris le relais de votre perception sensorielle, quand vous n'avez plus tant perçu votre conjoint que vous ne l'avez deviné, vous persuadant que c'était lui. Si vous vous mettiez cependant en tête de vous approcher de lui à pas de loup pour lui faire coucou, vous vous rendriez peut-être compte à vos dépens que vous avez affaire à un parfait inconnu, votre conjoint, lui, ayant pris un chemin de traverse.

Il n'en va pas autrement lorsqu'on pratique l'art du Renseignement, quand, l'observation directe du présent faisant, pour une raison ou une autre, défaut, on s'en va puiser dans le passé (dans son savoir, son expérience, ses théories, sa vision, ses schèmes intellectuels et mentaux) matière à divination. On devient alors devin, augure, pythie, grand prêtre, sorcier, chaman, et l'art du Renseignement finit par rejoindre l'art divinatoire d'antan, les simulations et projections théoriques remplaçant les runes ou les entrailles de l'animal, et le calcul des probabilités se substituant à l'oracle du dieu.

Le bon praticien du Renseignement relativisera donc l'importance du savoir accumulé et de l'expérience acquise dans la pratique de son art, et il s'efforcera de ne voir le réel qu'avec les seuls yeux du présent. Il calculera aussi ses chances de succès sur quatre-vingts pour cent et non sur cent pour cent, escomptant ainsi, grâce à cette marge d'incertitude de vingt pour cent, la part d'impondérable inhérente à toute entreprise s'inscrivant dans l'avenir.

Ce faisant, il risquera cependant de mécontenter le Prince au service duquel il sera et pourra même se disqualifier à ses yeux. Disant alors vrai, il ne sera en effet pas, comme l'expliquait Michel Foucault[1], pour autant *dans* le vrai.

De fait, l'histoire abonde d'exemples de gens qui, de Galilée à Sorge, l'espion de Staline, dirent vrai sans être dans le vrai, et furent pour cela disqualifiés, leurs paroles tombant dans des oreilles de sourds. Car le Prince a lui aussi tendance à ne voir l'avenir qu'avec les yeux du passé, ses initiatives et ses actions se fondant alors moins sur le constat qu'il aurait fait du présent, que sur ses convictions, ses intuitions ou ses ambitions, en d'autres termes sur le passé.

La décision d'Alexandre le Grand d'envahir la Perse n'était pas fondée sur le constat qu'il avait fait de l'état de l'empire de Darius, mais sur l'idée qu'il se faisait de sa propre destinée.

1. Philosophe français, né en 1926, mort en 1984.

La décision de Napoléon d'envahir la Russie n'était pas fondée sur le constat qu'il avait fait de l'état de l'empire du tsar, mais sur sa propre vision de sa place et de son rôle dans l'histoire.

La décision de Hitler d'envahir la Pologne malgré les avertissements des Alliés n'était pas fondée sur le constat qu'il avait fait de l'équilibre des forces en Europe, mais sur l'idée qu'il avait de sa propre grandeur et sur son désir de venger les humiliations que les Alliés, vainqueurs des puissances germaniques vingt ans plus tôt, avaient fait subir à son peuple.

De même, lorsque, il y a de cela deux mille cinq cents ans, Crésus, roi de Lydie, partit en guerre contre les Perses, sa décision n'était en aucune façon fondée sur quelque connaissance qu'il aurait eue de l'état délabré ou non de l'empire de Cyrus, mais fut mue par sa seule ambition. Avant de se décider, Crésus se rendit d'ailleurs à Delphes pour y demander à l'oracle d'Apollon (l'équivalent, à l'époque, du Renseignement) s'il devait ou non partir en guerre contre Cyrus. À quoi l'oracle avait répondu : « Si tu fais la guerre aux Perses, tu détruiras un grand empire. » Fort de cette prédiction qui semblait le confirmer dans ce qu'il pressentait et souhaitait, Crésus partit en campagne mais il fut battu par Cyrus. De retour à Delphes, il blâma le dieu de l'avoir induit en erreur, à quoi il lui fut répondu : « Tu aurais mieux fait de demander au dieu de quel empire il parlait, le tien ou celui de Cyrus ? »

Comme l'exemple de Crésus le montre bien, dès lors que l'on interroge l'avenir avec les yeux du passé, on s'empêche de poser les questions qu'il faudrait pourtant poser. Plus encore, les questions qu'on poserait ne concerneraient plus tant le présent (le rapport de forces entre Cyrus et moi), que l'avenir (vais-je triompher ?) ; elles ne seraient plus de type praxéologique (que faire ?), mais purement eschatologique (comment connaître l'issue ?). Et il en sera ainsi tant qu'à l'observation lucide se substitueront les visions translucides, et qu'à la vraie question : « Qu'en est-il réellement ? », se substituera le puéril : « Je veux ! »

De l'Escompte entendu comme une arme face aux événements

Découlant du Renseignement mais aussi de la connaissance des lois et principes qui régissent l'équilibre général des choses et la nature humaine, l'Escompte est une autre arme dont dispose le Prince pour se garder des effets perturbateurs des événements.

En règle générale, l'Escompte des événements est plus aisé à effectuer dans les sociétés dotées d'une Constitution, de lois et d'institutions (et ce, qu'elles soient démocratiques, monarchiques ou oligarchiques), et plus difficile à réussir sous les régimes despotiques, où tout ou presque dépend du bon plaisir du Prince.

Ainsi, jadis, dans les cités grecques comme sous la République romaine, la succession du Prince était bien escomptée parce que planifiée, et elle se déroulait alors sans soubresauts majeurs. Inversement, dès lors qu'un despote (comme Tibère ou Néron à Rome, ou Philippe de Macédoine dans les cités grecques) prenait le pouvoir, l'événement que constitue la succession à la tête de l'État ne pouvait plus être aisément escompté et les périodes de transition étaient immanquablement violentes et troublées.

Au tout début des années 1980, Elias Sarkis, président de la République libanaise, s'était rendu en Arabie Saoudite pour un sommet des chefs d'État arabes consacré à la guerre qui faisait alors rage au Liban. De retour à Beyrouth, il fut questionné par ses proches, inquiets de savoir ce qui avait pu se dire et se décider à ce sommet. À quoi il avait répondu : « Ce qui a pu se dire et se décider n'a pas grande importance. Plus important est cette constatation que j'ai pu faire que, de tous les présents, j'étais le seul à savoir quel jour exactement je quitterai le pouvoir, parce que notre Constitution le veut ainsi. Tous les autres étaient qui roi et qui président à vie, c'est-à-dire qu'ils pouvaient garder encore le pouvoir des années, comme ils pouvaient tout aussi bien être renversés demain matin. »

Même dans les pays autocratiques qui ne sont pas dotés d'une Constitution en bonne et due forme, une loi claire de succession peut suffire pour que la passation de pouvoir entre un Prince et un autre puisse être escomptée et se déroule harmonieusement.

Ainsi, en Arabie Saoudite, soixante ans après sa mort, la loi de succession promulguée par le fondateur du royaume, Abdelaziz Ibn Saoud[1], à savoir que le trône

1. Ibn Saoud, né en 1876, roi de 1932 jusqu'à sa mort en 1953.

passerait successivement à tous ses enfants mâles selon des critères d'aînesse, de noblesse de lignée maternelle, d'expérience et de compétence, est toujours en vigueur et respectée de tous. Et de fait, ses fils continuent jusqu'à ce jour à se succéder au pouvoir sans heurt aucun. Mais dans l'émirat voisin du Qatar, où l'émir actuel est arrivé au pouvoir en renversant son propre père, qui avait lui-même auparavant renversé son cousin, un précédent fut établi qui fait que l'événement que constitue la succession à la tête de l'État ne peut plus être aisément escompté. Et, de fait, régulièrement, on évoque à Doha des rumeurs de coup d'État.

En escomptant un événement avant qu'il n'advienne, le Prince peut, on l'aura compris, espérer en désamorcer la charge potentiellement explosive. Ainsi, quoique, lors de la campagne présidentielle française de 2012, le président américain Barack Obama, la chancelière allemande Angela Merkel et le Premier ministre britannique David Cameron eussent très tôt choisi leur camp, optant tous trois pour un appui franc au président sortant, dès lors que les sondages commencèrent à donner gagnant son rival, ils escomptèrent la défaite de Nicolas Sarkozy et changèrent radicalement de ton, faisant à François Hollande une place dans leur paysage, car ils savaient qu'ils auraient à traiter avec lui au lendemain de l'élection.

Il en va d'ailleurs de même sur tous les autres plans, le Prince pouvant escompter, par les données hydrauliques et météorologiques, l'impact d'une inondation pour faire évacuer une zone à risque ; il peut, par les données géomorphologiques, escompter l'impact d'un accident nucléaire en évitant de construire une centrale dans une zone sismique ; il peut, par les prévisions climatologiques, escompter l'impact d'une mauvaise récolte en constituant des réserves de denrées ; il peut, par le contrôle des opérations financières, escompter l'impact qu'une banque en difficulté pourrait avoir sur l'économie du pays en intervenant dans son capital ; et ainsi de suite.

Tout événement « malheureux », comme une défaite militaire, une fuite sur un réacteur nucléaire ou une débâcle bancaire, qui serait ainsi escompté et ne surgirait pas à l'improviste, étant pris en compte et « digéré » avant l'heure, verrait de fait son impact sur la population (et partant sur le Prince) réduit d'autant.

L'Escompte parfait s'applique d'ailleurs autant aux événements dits « heureux » qu'aux événements « malheureux ». Son importance dans le premier cas apparaît clairement dès lors que l'on se penche sur le sort de certains grands gagnants à la Loterie, qui se retrouvent du jour au lendemain à la tête d'une véritable fortune. Leur vie en est nécessairement transformée. Mais l'est-elle toujours pour le mieux ? En réalité, souvent, leur existence n'est pas tant transformée par cet événement « heureux », qu'elle n'en est chamboulée. Pourquoi ? Parce que cet événement majeur qu'aura été pour eux leur fortune soudaine n'aura pas été escompté : ils n'y étaient pas mentalement préparés et ils n'étaient pas plus armés pour se protéger de tout ce que cette manne soudaine impliquait : les sollicitations, les pique-assiettes, les escrocs, la démesure, la gabegie, la tentation de la spéculation, etc. Le même constat s'impose dès lors qu'on pense à la démesure qui caractérise les « nouveaux riches » (ainsi les oligarques russes) ou aux erreurs de gouvernement qui caractérisent tous les opposants arrivés brutalement au pouvoir. En réalité, aussi « heureux » qu'il puisse paraître au départ, tout événement qui n'aurait pas été anticipé, auquel on n'aurait pas fait une place dans le présent en s'y préparant, en le devançant pour ainsi dire et en le vivant avant l'heure, restera source de danger.

Quiconque a un jour emprunté le réseau autoroutier français aura eu l'occasion d'y voir l'art de l'Escompte poussé à sa perfection. À son paroxysme, même. Il saura à chaque instant et très précisément tout ce qu'il doit savoir sur son trajet : les stations-service et les aires de repos y seront indiquées au mètre près, de même que les éventuels travaux ; des panneaux lumineux l'alerteront d'avance sur les bouchons, les accidents, les rétrécissements de voie, les objets insolites encombrant la chaussée ainsi que sur les animaux qui s'y seraient égarés ; d'autres lui diront très exactement combien de temps il lui faudra encore avant d'arriver à destination ; une station radio alternera flashs d'information pour le rassurer et musique douce pour le calmer ; bref, tout est fait pour que l'automobiliste effectue son trajet en toute connaissance de cause et n'ait pas à souffrir des imprévus.

Cela dit, l'Escompte demeure, dans la perspective de l'objectif visé, une arme délicate à manier, son bon usage dépendant du moment de son emploi, des connaissances qui le fonderaient, et du bon dosage qu'on lui appliquerait. Le danger étant qu'en cherchant à escompter l'impact d'un événement donné, on en suscite un autre, à l'impact encore plus grand.

De l'importance du bon moment : lorsque Henry Kissinger, dépêché par le président Nixon, alla rencontrer en 1971 le Premier ministre chinois Chou En-lai pour discuter avec lui d'un retrait militaire américain du Vietnam, le calendrier qu'il lui proposa avait pour principal but d'escompter ce retrait de sorte qu'il ne nuise pas à la réélection de Richard Nixon. À son retour à Washington, Kissinger dit d'ailleurs à ce dernier : « Dans quelques mois, et bien avant l'élection, le Vietnam, plus personne n'en parlera. » Et de fait, le Vietnam ne pesa pas sur l'élection américaine de 1972 et Nixon fut bien réélu.

De l'importance des bonnes connaissances : en 2009, lorsqu'une rumeur enfla sur une épidémie de grippe A, le ministre français de la Santé Roselyne Bachelot décida, principe de précaution oblige, de commander quelque cent millions de doses de vaccin. Nulle épidémie ne se matérialisa cependant. L'affaire n'en coûta pas moins sept cents millions d'euros au contribuable français et le gouvernement, qui effectuait alors des coupes budgétaires et prônait l'austérité, en fut sévèrement critiqué.

De l'importance du bon dosage : au printemps de 2012, lorsque le syndicat britannique des conducteurs de camions-citernes laissa entendre qu'il pourrait appeler à la grève si le patronat refusait de faire le moindre pas dans les négociations alors en cours sur les conditions de travail, le gouvernement du Premier ministre David Cameron décida de désamorcer la menace en alertant le public. Un membre du gouvernement, Francis Maude, alla jusqu'à conseiller aux Britanniques d'anticiper sur une pénurie éventuelle de carburant en gardant chez eux en réserve un jerrycan rempli d'essence. Le résultat ne se fit pas attendre : les automobilistes se ruèrent sur les stations-service qui furent dévalisées, la pénurie, qui n'avait été que virtuelle, devint réelle sans même qu'une grève ait été déclenchée, et une pauvre mère de famille fut atteinte de brûlures au troisième degré après que le « jerrycan Francis Maude » rempli d'essence qu'elle avait entreposé dans sa cuisine se fut malencontreusement enflammé.

L'Escompte, on le voit, est une arme dangereuse à manipuler. Placée dans de bonnes mains, elle peut néanmoins se montrer très précieuse pour le Prince. Car elle lui permet de façonner un événement jusqu'à le réduire à néant, en faire pour ainsi dire un non-événement. Ce qui, du point de vue princier, se rapprocherait le plus de ce que l'on pourrait appeler un événement « heureux ».

De la Mystification entendue comme une arme face aux événements

En cas de carence du Renseignement et de l'Escompte, le Prince dispose, avec la Mystification, d'une arme alternative face aux événements. Maîtrisant l'art de la Mystification, il pourra, sinon prévoir les événements et les gérer, du moins tenter de les retourner à son avantage. Comme il pourra, en leur jetant de la poudre aux yeux, leurrer ses sujets ou ses concitoyens quant aux raisons qui l'auraient poussé à provoquer lui-même tel ou tel événement.

J'étais gamin quand je reçus ma première leçon de mystification. Ce ne fut cependant pas auprès d'un quelconque expert en communication. Je m'étais rendu avec quelques amis à une fête foraine, et lorsque nous allâmes finalement faire un tour du côté de la grande centrifugeuse et que, manquant de monnaie, je tendis au forain un billet d'une livre en règlement du prix d'entrée qui était de dix pence, il m'annonça, l'air de me dire que je lui inspirais confiance, que je pouvais le payer après. Ce que je fis en sortant. Quoique la centrifugeuse eût eu sur moi l'effet escompté, me donnant le vertige, je réussis, tout en tanguant lourdement, à extirper mon billet de ma poche et il me rendit quatre-vingt-dix pence de monnaie en comptant les neuf pièces de dix pence l'une après l'autre à voix haute. Ce n'est que plus tard que je m'aperçus que les neuf pièces en question étaient autant de pièces, plus petites, de cinq pence chacune. Alors qu'il les mettait dans le creux de ma main en les comptant à haute voix, ma tête me tournait au point que je les avais vues plus grandes, me persuadant qu'il s'agissait des pièces de dix pence auxquelles je m'attendais.

Ce fut là ma toute première expérience avec un *spin doctor*, un tourneur de têtes, au sens littéral du terme, l'ancêtre, en tout cas le modèle, de tous les spécialistes en communication et autres experts en opinion auxquels le Prince a aujourd'hui recours lorsqu'il souhaite enfumer les gens en donnant tel ou tel éclairage à un événement. Et ce fut aussi là ma première leçon dans l'art de la Mystification. Elle m'avait coûté quarante-cinq pence et une petite blessure d'amour-propre, mais, pour ce prix-là, j'avais appris que, pour réussir ce genre d'entreprise, il fallait, d'une part, que le mystifié soit mis en condition et, d'autre part, que la mystification aille dans le sens de celui qui la reçoit, le caressant dans le sens du poil. Or, dans le domaine public, ces deux conditions sont aujourd'hui bien difficiles à réunir.

Il y a de cela trois mille ans, le roi Agamemnon pouvait, sans risque d'être démenti par qui que ce soit qui aurait compté pour lui, prétendre s'attaquer à Troie pour venger l'honneur bafoué de son frère Ménélas et non, bien sûr, pour mettre la main sur un butin immense. Sa mystification perdurerait d'ailleurs des siècles. Il y a de cela deux mille ans, un Pompée, un César allaient impunément inventer de toutes pièces des prétextes à leurs guerres, s'enrichir par la même occasion et se faire voter des pouvoirs exceptionnels qui enterreraient la République et feraient le lit de l'Empire.

De nos jours, cependant, malgré les budgets faramineux dont les gouvernements disposent, et les moyens considérables qu'ils mettent quotidiennement en branle pour désinformer l'opinion et occulter les faits, de telles mystifications sont impossibles à réussir dans la durée, le nuage de fumée qui leur est nécessaire étant rapidement dissipé par le vent des événements.

Ainsi, en 2003, en dépit de tous ses efforts pour justifier sa décision d'envahir l'Irak (n'alla-t-il pas jusqu'à renvoyer à plusieurs reprises aux services secrets anglais leur copie sur les armes de destruction massives de Saddam Hussein, la jugeant chaque fois « pas assez sexy » ?), le Premier ministre Tony Blair fut très vite rattrapé par ses mensonges. Il était d'ailleurs encore au pouvoir que cette guerre qu'il avait initiée était déjà jugée illégitime par l'opinion.

De même, on l'a vu, lorsqu'en mars 2004, à la veille d'une élection, la capitale espagnole fut secouée par des attentats meurtriers perpétrés par des terroristes islamistes, la tentative de mystification faite par le gouvernement conservateur de José María Aznar en vue de persuader l'opinion qu'ils étaient le fait de l'ETA basque (et ce afin que les électeurs ne fassent pas le lien entre la violence qui les frappait et les aventures guerrières de leur gouvernement dans les pays musulmans) fit long feu et contribua, lorsque la supercherie fut découverte quelques heures plus tard, à la défaite électorale du parti au pouvoir.

Si, comme on le voit, l'art de la Mystification n'agit désormais plus aussi efficacement qu'auparavant, si le nuage de fumée qui lui est nécessaire pour perdurer se dissipe bien plus vite que par le passé, cela est dû à la conjonction de nombreux facteurs. La perte du monopole étatique sur l'information, le développement rapide des télévisions satellitaires et des réseaux sociaux, l'exigence d'une transparence toujours plus grande, la multiplication des fuites et des dénonciations de type Wikileaks, l'appétit vorace de l'opinion pour les scandales en tout genre, y auront largement contribué ; mais plus encore, sans doute, la dissociation de plus en plus fréquente entre, d'une part, la légalité du Prince et, d'autre part, sa légitimité.

Il fut un temps où, Roi-magicien, le Prince exerçait son pouvoir de droit divin, par le droit que lui auraient conféré les armes, ou par celui du plébiscite populaire. L'acte fondateur (acte de naissance, de guerre ou de foi) fondait alors sa légitimité d'où découlait à son tour sa légalité. Ainsi, Henri Tudor, qui régna sur l'Angleterre sous le nom d'Henri VII après avoir défait Richard III à la bataille de Bosworth Field, en 1485, se saisissant de la couronne sur le champ de bataille alors qu'il ne pouvait aucunement y prétendre.

Prêtre-juriste bien plus que Roi-magicien, le Prince d'aujourd'hui, qui accède le plus souvent au pouvoir par élection ou sélection disputée, voit bien sûr sa légalité (sa constitutionnalité) reconnue, même par ses adversaires. Pourtant, de cette légalité-là, nulle légitimité ne découle nécessairement (tel fut le cas du président américain George W. Bush, après sa victoire étriquée face au démocrate Al Gore en 2000).

Sa légitimité, le Prêtre-juriste doit aller la chercher, non pas, comme le Roi-magicien, dans quelque acte fondateur et premier, mais dans des succès permanents qui jalonneraient son mandat (et l'on sait jusqu'à quelles extrémités, en Irak comme ailleurs, George W. Bush s'en fut en quête de légitimité). Ce qui, sa personne et sa politique étant systématiquement et impitoyablement passées au crible par la presse et l'opinion, l'oblige en permanence à chercher à mystifier son monde. Il doit prouver à chaque instant que le verre n'est pas à moitié vide, mais à moitié plein. Ainsi, récemment, lors de la crise financière qui secoua la zone euro, on vit les gouvernements européens, désemparés, ne sachant quoi faire. C'est alors que les artistes en Mystification entourant le président français Nicolas Sarkozy, qui voyaient sa cote de popularité chuter, soufflèrent l'idée que, s'il est vrai que tout n'allait pas pour le mieux, « cela aurait été bien pire si M. Sarkozy n'avait pas été là ».

Conforté qu'il est dans sa légitimité, le Roi-magicien, lui, n'a nul besoin de tels artifices. Chef charismatique, le président Nasser d'Égypte survécut, on l'a vu, à la déroute de son armée face aux Israéliens, en juin 1967, et sortit même grandi de l'épreuve. Après sa mort, son successeur Anouar el-Sadate réussit pour sa part à récupérer à la table des négociations les territoires que son illustre prédécesseur avait perdus sur le champ de bataille, ce qui ne l'empêcha pas de traîner derrière lui un déficit de légitimité qui finit par lui coûter la vie.

Aussi peut-on affirmer que, dès lors qu'un Prince est plus légal que légitime, il se verra toujours contraint de mystifier son monde en permanence, mais réussira rarement à le faire durablement. Inversement, le Prince qui serait plus légitime que légal mystifiera bien plus aisément et bien plus longtemps l'opinion, l'ironie étant qu'il n'en aura pas vraiment besoin. Et cela, tous les *spin doctors* du monde n'y changeront jamais rien.

De la Diversion entendue comme une arme face aux événements

Un événement a cela en commun avec la foudre qu'une fois lancé il doit frapper. Or, comme j'espère l'avoir démontré, depuis des temps immémoriaux le Prince est non seulement le porteur d'égide de son peuple, mais aussi son paratonnerre glorifié[1]. S'il souhaite donc éviter d'être foudroyé par un événement donné, il se doit de le dévier loin de lui. Parlant en termes moins olympiens et plus contemporains, on dira qu'il en va des événements comme de ces missiles à tête chercheuse : dès lors qu'ils sont tirés, ils n'ont de cesse de percuter leur cible. Le Prince se doit donc, en usant des contre-mesures nécessaires, de les leurrer afin que, déviant de leur trajectoire, ils s'en aillent trouver ailleurs où planter leur charge explosive. Se

1. On peut rappeler ici que Zeus est porteur de l'égide, c'est-à-dire du bouclier qui protège, mais qu'il est aussi le Zeus tonnant, qui commande au tonnerre.

dissociant ainsi de la cause du coup du sort qui aura frappé son peuple, il pourra reprendre l'initiative et gérer ses effets au mieux de ses intérêts.

J'avais dix-sept ans quand je fus la cible de telles contre-mesures. À l'époque, je m'occupais plus, il est vrai, de changer le monde que de me changer moi-même et, avec quelques amis, nous nous étions mis en tête d'aller convaincre les ouvriers d'une usine de confiseries qu'il leur fallait à tout prix débrayer pour obtenir de leur patron les droits sociaux reconnus par la loi qu'il refusait obstinément de leur accorder. Notre affaire semblait bien engagée, mais à la dernière minute la grève que nous prenions pour acquise fut annulée, et les ouvriers que nous espérions syndiquer nous tournèrent résolument le dos, refusant d'avoir affaire à nous davantage. Il nous fallut du temps pour comprendre ce qui avait pu se passer, mais nous finîmes par apprendre que, confronté à l'éventualité d'un événement aussi fâcheux qu'une grève peut l'être pour un industriel et, plus encore, au risque de perdre tout contrôle sur des ouvriers qui se syndiqueraient, le directeur de l'usine avait eu l'excellente idée de faire courir le bruit que nous étions des Témoins de Jéhovah, nous discréditant ainsi aux yeux de ces braves gens. Opération parfaitement réussie puisque, ainsi, la cause de l'événement (la grève projetée) n'était plus imputable à la politique antisociale des responsables de l'usine, mais à notre propre appartenance sectaire et antisociale. Dérouté de sa trajectoire par les contre-mesures mises en place par le « Prince de la confiserie », le missile qui lui avait été destiné nous était donc revenu tel un boomerang, nous éclatant à la figure.

Face à un événement inattendu qu'il n'aurait pas souhaité, et dont la cause ou les effets pourraient lui être imputés, le Prince doit très vite mettre en place des contre-mesures qui dévieront l'événement-missile de sa trajectoire vers quelque bouc émissaire. Le Prince chinois, lui, ne s'y est pas trompé quand, en juillet 2011, deux TGV se percutèrent à Wenzhou dans la province de Zeijiang, faisant une cinquantaine de morts et plus de deux cents blessés. Agissant avec célérité, en moins de vingt-quatre heures il avait identifié les responsables de la catastrophe (trois hauts fonctionnaires des chemins de fer) et les avait limogés. Avant même toute enquête sur les causes du sinistre. Oui, avant toute enquête, et c'est bien ainsi que ce doit être. Car l'enquête, quand elle aura lieu, aura pour but de désigner un coupable, alors que le Prince a besoin d'identifier rapidement un responsable et de prendre très vite des mesures à son encontre.

Lorsque, dans le cadre d'une vendetta entre clans familiaux rivaux dont la cause première se perd dans la nuit des temps, un membre du clan A tue un membre du clan B pour venger la mort de son frère tombé précédemment aux mains d'un autre membre du clan B, l'homme qu'il tue n'est pas nécessairement l'assassin de son frère mais peut-être un cousin éloigné. S'il le tue, ce n'est donc pas parce qu'il serait coupable, mais parce que son appartenance au clan B fait qu'il peut être tenu pour responsable.

Afin de se dissocier des causes d'un coup du sort, et de dévier loin de lui ses retombées négatives, le Prince se doit effectivement de distinguer entre la culpabilité, qui est de l'ordre de la vérité, et la responsabilité, qui relève, elle, de la simple pertinence.

Ainsi, dans le cas que j'évoquais plus haut de la grève que nous avions tenté d'organiser, les contre-mesures mises en place par le directeur de l'usine pour nous contrer furent efficaces, non parce qu'elles étaient vraies (nous n'étions pas des Témoins de Jéhovah), mais parce qu'elles étaient pertinentes (les Témoins de Jéhovah ayant mauvaise presse dans les milieux ouvriers).

Dans l'exemple chinois, les contre-mesures immédiates mises en œuvre par le Prince après la catastrophe ferroviaire eurent l'effet escompté, non parce qu'elles étaient vraies, la culpabilité de ces hauts fonctionnaires des chemins de fer n'ayant pas encore été établie, mais parce qu'elles étaient pertinentes, les familles des victimes et l'opinion publique trouvant « logique » qu'ils paient pour une catastrophe d'une telle ampleur.

De même, lorsqu'en 2010 une fuite sur des installations offshore de la compagnie pétrolière BP provoqua une effroyable marée noire dans le golfe du Mexique, le Prince américain intervint rapidement et, avant même que la justice ne se saisisse de l'affaire, exigea et obtint de BP qu'elle reconnaisse son entière responsabilité dans le sinistre et se ruine ensuite en indemnisant les victimes.

Pour avoir compris que la responsabilité ne se confond pas nécessairement avec la culpabilité et que, dans de tels cas, la pertinence doit primer sur la vérité, les Princes chinois et américain purent surfer sur la vague de l'événement qui les menaçait. Au contraire, après la révolution populaire qui renversa le président égyptien Hosni Moubarak, lorsque les jeunes manifestants qui avaient provoqué sa chute exigèrent de l'armée, qui dirigeait alors le pays, qu'elle arrête et punisse les responsables de la répression sanglante, les militaires tergiversèrent, confiant l'affaire à une justice procédurière, et le peu de crédit qu'ils avaient encore auprès du peuple s'évanouit.

Dans de tels cas, on le voit, le Prince n'a pas à s'occuper de vérité. Uniquement de pertinence. Car la vérité ne sert, objectivement, que les ambitieux et les mécontents. Ou, pour être plus précis, c'est la recherche de la vérité qui les sert. Car cette dernière s'inscrit nécessairement dans la durée et, tant qu'elle dure, dure aussi chez les gens l'incertitude, et avec elle le doute. Persiste alors dans leur esprit l'idée que le Prince leur cacherait quelque chose ou, pire encore, qu'il serait inapte à gouverner. Inversement, dans la mesure où la pertinence permet de tourner rapidement la page et de clore un chapitre, elle favorise l'harmonie et reste du Prince le meilleur allié.

De même, d'ailleurs, qu'il devrait s'occuper de pertinence plutôt que de vérité, de même le Prince devrait-il aussi s'occuper moins de justice que de sanction. Pointer vite un responsable du doigt, le sanctionner tout aussi vite, est, dans de tels cas, pour le Prince comme pour la Cité, une nécessité. Ainsi, dans la mythologie, Œdipe, qui tue son père et épouse sa mère, n'en est pas pour autant coupable puisqu'il ignorait qui étaient ses véritables parents. Son crime, même s'il ne fait aucun doute, n'est nullement intentionnel mais fonctionnel : il vient confirmer les oracles d'Apollon : celui donné à Œdipe lui-même (« Tu entreras au lit de ta mère, tu montreras aux hommes une race insoutenable à voir, tu seras l'assassin du père dont tu étais né »), et celui donné précédemment à Laïos, son père, l'avertissant de ne pas avoir de descendance s'il ne souhaitait pas mourir de la main de son fils. Pourtant, même si Œdipe n'est pas vraiment coupable, il n'en est pas moins punissable parce qu'il est fonctionnellement responsable : Thèbes a besoin qu'Œdipe soit puni pour ces crimes afin que la malédiction qui pèse sur elle soit enfin levée. Et c'est ce qui arrive. Pour le bien de la Cité.

Certes, comme toutes les armes dont le Prince dispose face aux événements, l'arme de la Diversion a aussi ses inconvénients. Lorsque, en 1964, Nikita Khrouchtchev fut mis en minorité par Léonid Brejnev et ses amis au Politburo du Parti communiste de l'Union soviétique, il serait, disait-on, allé voir ce dernier qui venait de l'écarter du pouvoir, et il lui aurait remis trois enveloppes scellées et numérotées de un à trois, lui conseillant de les ouvrir l'une après l'autre chaque fois qu'il se retrouverait dans une situation délicate. Plusieurs années après, l'Union soviétique s'étant fait distancer par l'Amérique dans la course à la Lune, Brejnev vit son prestige en souffrir grandement et se rappela les lettres que Khrouchtchev lui avait laissées. Ouvrant la première, il lut : « Impute-moi toute la responsabilité de cet échec. » Ce qu'il s'empressa de faire, se tirant d'affaire. Quelque temps après, face à une récolte céréalière désastreuse qui l'obligeait à instaurer un rationnement très impopulaire, Brejnev courut ouvrir la deuxième lettre de Khrouchtchev et lut : « Impute la responsabilité de cet échec à tes amis du Politburo. » Ce qu'il fit sans hésiter, se tirant une nouvelle fois d'un mauvais pas. Finalement, lorsque l'Union soviétique perdit définitivement la Guerre des étoiles face aux États-Unis, Brejnev alla vite ouvrir la dernière enveloppe scellée que Khrouchtchev lui avait laissée : « Et maintenant, lui avait écrit ce dernier, écris trois lettres ! »

Comme le démontre éloquemment cette histoire drôle que les Moscovites se racontaient jadis, si la Diversion permet au Prince de gagner du temps, elle n'en crée pas moins de dangereux précédents.

De l'importance des principes de vie et de gouvernement

Dans sa lutte âpre et de tous les instants contre les événements qui surgissent de toutes parts et de plus en plus nombreux, le Prince, on l'a vu, dispose d'armes non négligeables. Le Renseignement, l'Escompte, la Mystification et la Diversion sont là pour l'aider, à des degrés divers, à remettre de l'ordre là où le désordre menacerait, à rassurer dès lors que percerait l'inquiétude, et à couper ainsi l'herbe sous les pieds des ambitieux et des mécontents.

Pourtant, aussi utiles que soient ces armes, elles n'en restent pas moins de simples expédients et présentent par ailleurs un grave inconvénient. Dès lors, en effet, que le Prince en use face à un événement, elles ont tendance à en engendrer un autre qui vient s'ajouter à celui qu'il avait voulu contrer, contribuant ainsi à nourrir les vagues toujours plus hautes et toujours plus violentes des événements.

S'il souhaite briser pareil cercle vicieux (comme

celui de l'enchaînement rébellion-répression/plus de rébellion-plus de répression), le Prince ne peut en réalité se contenter de ces outils qui demeurent assujettis aux événements et qui peuvent en outre lui être ôtés à tout moment. Ses ennemis pourraient en effet neutraliser ses moyens de renseignement, quand il se retrouverait aveugle face aux événements et dans l'incapacité de les prévoir comme de les escompter. Il pourrait de même perdre son aura et sa crédibilité, quand il se verrait dans l'incapacité de mystifier ses amis comme ses ennemis. Enfin, comme le montre l'histoire moscovite, à propos de Khrouchtchev, que je rapportais tantôt, il pourrait se trouver en mal d'un bouc émissaire à qui faire endosser la responsabilité d'un désastre quelconque. Privé qu'il serait alors de ses armes favorites, le Prince se retrouverait impuissant face aux événements.

C'est pourquoi, avant même de recourir à ces moyens qui lui restent somme toute extrinsèques, le Prince devrait en premier lieu puiser sa force de ce qui lui est intrinsèque, et que rien ni personne ne pourra lui ôter : à savoir ces principes de vie et de gouvernement qui, loin d'être soumis aux lois régissant l'enchaînement des événements, demeurent, en toutes circonstances, stables, immuables et aussi fiables que l'aiguille d'une boussole qui pointe immanquablement vers le Nord magnétique.

Si les différentes armes que j'évoquais – Renseignement, Escompte, Mystification, Diversion – sont des outils dont le Prince s'armera au gré des circonstances, les utilisant ou les délaissant selon le cas, les principes de vie et de gouvernement, eux, seront plutôt ses organes vitaux, et il ne pourra pas plus les délaisser ou les mettre de côté qu'il ne pourrait impunément s'arracher le cœur ou les entrailles.

Ce n'est qu'alors, lorsqu'il se sera plié à ces principes, les intégrant entièrement, et les faisant siens, que le Prince pourra espérer ralentir et canaliser à son profit le flot tumultueux des événements. À défaut de quoi, démuni qu'il serait de ce qui est « plus haut et plus fort que toutes les influences extérieures », un simple rhume, comme dit Tchekhov[1], suffira à lui faire perdre l'équilibre.

1. Anton Tchekhov, écrivain et auteur dramatique russe (1860-1904). Ce passage fait référence à « Une banale histoire », une nouvelle parue en 1889.

De la connaissance de soi entendue comme principe de vie et de gouvernement

« Connais-toi toi-même », *gnôthi séauton*, telle est la devise qu'on pouvait lire jadis à Delphes, sur le fronton du temple d'Apollon. Et du moment où le Prince ne devrait faire qu'un avec son peuple, à ce « Connais-toi toi-même » on pourrait, n'est-ce pas, ajouter : « Et connais les tiens. »

Face aux événements, qu'ils soient voulus par lui, qu'ils lui aient été imposés ou qu'il en ait hérité, le Prince se doit de connaître autant la nature profonde de ceux qu'il gouverne que la sienne ; comme il se doit aussi de connaître l'esprit particulier qui anime son peuple. De sa capacité à être en phase avec ceux qu'il gouverne et en harmonie avec l'esprit de son peuple, dépendra son succès dans sa gestion des événements.

Ce sera d'autant plus le cas s'agissant, non d'un Prince héréditaire qui détiendrait son pouvoir de son père génétique (comme le roi Abdallah de Jordanie succédant à son père le roi Hussein, ou le roi Mohamed VI du Maroc succédant à son père Hassan II) ou spirituel (comme le président russe Medvedev succédant au président Poutine, ou le président français Pompidou succédant au général de Gaulle), mais d'un Prince qui aurait accédé à la fonction suprême par la force des armes, une conspiration ou des tractations en coulisses, ou encore par une élection ayant entraîné un changement de majorité dans le pays.

Dans de tels cas, le nouveau Prince est en effet enclin à introduire des nouveautés (donc à susciter de nouveaux événements), espérant marquer ainsi sa différence avec son prédécesseur, asseoir son autorité, s'inventer une légitimité, renouer peut-être avec quelque passé lointain mais glorieux, et laisser en tout cas son empreinte dans l'histoire de son pays.

Nicolas Machiavel faisait au demeurant remarquer à ce propos que les pays où le pouvoir est héréditaire « sont bien plus aisés à gouverner que les autres, parce que, pour s'y maintenir, le Prince n'a qu'à ne rien innover dans la manière dont ses prédécesseurs les ont conduits et, pour le reste, temporiser dans les événements et les accidents qui peuvent survenir[1] ».

À quelqu'un qui le pressait d'entreprendre quelque chose parce qu'il était à craindre que l'occasion de le faire ne se présentât plus, le roi Agésilas[2], qui avait

1. *Le Prince*, chapitre 2.
2. Il s'agit là d'Agésilas II, roi eurypontide de Sparte au IVe siècle av. J.-C.

hérité de la couronne et dont la légitimité ne faisait aucun doute, pouvait bien répondre: «Dans aucun changement je ne recherche le plaisir qu'il donne, je n'ai donc besoin d'aucun changement.»

Contrairement à Agésilas, qui pouvait faire remonter sa lignée jusqu'à Héraclès, les Princes non héréditaires ressentent le besoin de s'inventer une légitimité par l'action. Maints exemples viennent à l'esprit. J'en citerai un, qui concerne la Chine. Durant la première moitié du XVe siècle, Yang Leu, qui venait d'usurper le trône impérial, envoya son favori Cheng Ho à la tête d'une immense flotte avec ordre pour lui d'amener les souverains des nations étrangères à reconnaître sa suzeraineté en échange de l'octroi de privilèges commerciaux. Lorsqu'il fut renversé, le Prince qui le remplaça interdit cependant la navigation hauturière et, dès la fin du XVe siècle, on punissait de mort la construction de jonques géantes de plus de deux mâts. Ce «Grand Repli» chinois ne manqua pas d'intriguer les historiens. Pourtant, si le Prince chinois de la fin du XVe siècle sut résister à la tentation de l'expansion et de la domination, c'était peut-être qu'au saut dans l'inconnu, aussi riche soit-il en opportunités, il préférait le connu, l'ordre établi et l'harmonie.

Du fait, disais-je, qu'il est plus naturellement enclin que ne le sera un Prince héréditaire à susciter des événements et à introduire des nouveautés dans la société, le Prince non héréditaire se doit d'abord de bien connaître ceux qui auront contribué à son accession au pouvoir et de se sentir bien en phase avec eux, qu'il s'agisse, comme en démocratie, de ses électeurs, ou qu'il s'agisse, dans le cas d'une oligarchie, des barons sur les épaules desquels il aura grimpé pour atteindre le sommet de la ziggourat. Aussi bien installé qu'il puisse donc être au sommet de l'édifice de l'État, du moment où il lui faudra gérer des événements, et plus encore lorsqu'il voudra en susciter de nouveaux (et il le voudra inévitablement), c'est d'abord à sa base – qu'elle ait nom corps électoral, tribu, clan, junte militaire ou Politburo – qu'il devra penser. Au risque, sinon, de chanceler et de tomber.

Pressé qu'il avait été, en lançant dans les années 1980 sa perestroïka, de démocratiser son pays et de rejoindre ce faisant le concert des nations et l'économie de marché, le leader soviétique Mikhaïl Gorbatchev s'aliéna les caciques et les apparatchiks conservateurs dont les intérêts, certes contradictoires mais néanmoins croisés, servaient encore à l'époque (et quoiqu'il s'en défendît) de socle à son pouvoir et de ciment à l'empire. Dès lors, il ne fut plus en phase avec sa base. Lorsque ces mécontents se sabordèrent en se retournant contre lui, il se retrouva lui-même débordé par des ambitieux encore plus pressés que lui, et il le paya de son pouvoir.

Ayant appris des erreurs de Gorbatchev, son voisin chinois, lui aussi communiste, opta pour une simple libéralisation économique par étapes, et sous le contrôle direct des apparatchiks et des caciques qui l'entouraient, rejetant en même temps toute idée d'une libéralisation politique qui remettrait en cause, avant l'heure, le pouvoir de ces derniers. Il put ainsi préserver tout à la fois son autorité sur eux, la paix sociale et l'intégrité territoriale de son pays.

Pour avoir abrogé dès les années 1950 les lois anti-islamiques de la République turque, l'impatient Premier ministre Adnan Menderes oublia un peu trop vite la place centrale que l'armée occupait à l'époque dans la vie politique. Renversé par des officiers attachés à la mémoire d'Atatürk et à la laïcité, il fut arrêté pour violation de la Constitution, jugé, condamné et pendu. Une cinquantaine d'années après lui, en prenant le temps qu'il faut et en s'adaptant au tempo des tendances lourdes à l'œuvre dans le pays, un autre Premier ministre turc, Redjep Tayyip Erdogan, réussit, lui, à réintroduire sans coup férir l'islam dans la société et la vie politique. Soufflant le chaud et le froid, reprenant d'une main aux militaires ce qu'il leur donnait de l'autre, il réussit, en misant sur l'islamisation douce de la société comme de l'armée, à marginaliser les officiers supérieurs, adeptes de la laïcité, dont le rôle était pourtant consacré par la Constitution, et à les sortir, pour la première fois dans l'histoire du pays, de l'arène.

Tout cela, Erdogan n'aurait pas pu le réussir si, dans le demi-siècle qui s'était écoulé depuis l'exécution de Menderes par l'armée, le pouvoir en Turquie ne s'était pas lentement mais inexorablement déplacé des militaires qui avaient régi la vie politique du pays depuis les années 1920 vers les milieux d'affaires et les classes populaires, devenus les deux plus solides piliers du pouvoir turc.

Avant d'introduire des nouveautés, le Prince devra donc s'assurer d'être bien en phase avec les forces vives du pays, et qu'elles se reconnaissent autant en lui que lui en elles. Plus encore, sans doute, il devra connaître intimement l'esprit qui anime son peuple.

Pour prendre l'exemple de la France et de l'Angleterre, deux nations que je connais peut-être mieux que d'autres, je m'aventurerai à dire que, si l'esprit de la première l'incite à rechercher l'assurance de l'équilibre stable, celui de la seconde la pousse vers l'équilibre instable.

Nation continentale profondément ancrée dans la terre, la France ne trouve semble-t-il sa plénitude que dans l'enracinement et l'assise, ne se mouvant que très lentement, imperceptiblement, comme ces couches tectoniques qui lui servent de socle. Ce n'est qu'alors qu'elle exprime le mieux son esprit et qu'elle donne aussi le meilleur d'elle-même. C'est peut-être pourquoi la France coloniale, contrainte par la force des choses, le besoin d'émulation et sa puissance même, à l'expansion et au mouvement, a toujours cherché à faire des peuples colonisés des clones des Français : désir de stabilité et de continuité par simple extension du centre métropolitain, illustré par les manuels scolaires coloniaux qui visaient à enseigner aux populations locales l'histoire de la France.

Nation insulaire tournée vers la mer, l'Angleterre, elle, se trouve en revanche bien à son aise dans le mouvement – dans les vagues, les marées et les vents. Elle exprime alors semble-t-il mieux l'esprit qui l'anime et donne le meilleur d'elle-même. C'est sans doute pourquoi, contrairement aux Français, les Anglais n'ont jamais cherché à « civiliser » les peuples colonisés en les anglicisant, se contentant la plupart du temps de presser chacun d'entre eux comme un citron avant de passer au suivant : sur les 193 pays que compte aujourd'hui l'Onu, l'Angleterre en aura de fait, un jour ou l'autre, envahi non moins de 158 !

Il en découle chez ces deux peuples si proches, et pourtant si différents, deux comportements diamétralement opposés face aux événements dans ce qu'ils apportent de nouveau, d'inconnu, de discontinu : méfiance et frilosité chez les Français, curiosité et adaptabilité chez les Anglais. Ce qui explique sans doute pourquoi, malgré la puissance des syndicats, l'ancien Premier ministre britannique Margaret Thatcher réussit à bouleverser en profondeur la société anglaise, là où le président français Nicolas Sarkozy échoua lamentablement à changer la société française. Sans doute parce que l'opposition à ses réformes et à ses nouveautés émanait moins des corps intermédiaires comme les syndicats, que d'une résistance diffuse puisant sa force dans l'esprit même de la nation française.

Nation en équilibre instable, l'Angleterre suit et épouse le mouvement, se réformant par à-coups mais néanmoins régulièrement, et s'adaptant chemin faisant à chaque nouvelle donne, un peu comme ces volcans qui respirent et font baisser la pression dans leur caldera en crachant de la lave de temps en temps. Nation en équilibre stable, la France, elle, n'aime pas le mouvement et a horreur du changement. Mais tous les deux ou trois cents ans, elle se métamorphose entièrement. Elle explose alors comme ces super-volcans qui gardent jalousement leurs forces des centaines de milliers d'années durant, pour se réveiller un beau jour de manière aussi grandiose que dramatique.

Si le président français Nicolas Sarkozy avait compris cet esprit du mouvement imperceptible et du temps long qui anime son pays, s'il avait été en harmonie avec lui, au lieu de chercher, comme il le fit entre 2007 et 2012, à sortir ses réformes structurelles au forceps, heurtant ainsi les Français de front, s'il avait laissé faire le temps, sans doute aurait-il pu éviter d'être désavoué. Confiant en sa destinée, il préféra cependant mener son peuple tambour battant à son propre rythme, effréné, de chef de guerre. Il appela de ses vœux ces événements que les Français redoutaient, il les provoqua même, les multiplia, tant et si bien que ces derniers finirent par ne plus se reconnaître en lui et le sanctionnèrent. Ils le firent d'ailleurs non sans un brin de mauvaise conscience, comme si, subrepticement, ils changeaient déjà. Bien trop lentement, cependant, au goût de ce Prince-là.

En tout état de cause, dès lors qu'un Prince ne ferait pas sien ce principe de connaissance de soi qui lui permet d'être en phase avec ceux qu'il gouverne et en harmonie avec l'esprit qui anime son peuple, il finira par ressembler à ce personnage que Plutarque avait jadis vu sur un tableau représentant les Enfers, occupé à tresser une corde qu'un âne rongeait au fur et à mesure qu'il la tressait. C'est l'oubli, nous dit de fait Plutarque, qui sépare, comme si c'étaient des mondes différents, hier d'aujourd'hui, aujourd'hui de demain, rendant toute expérience nulle et non avenue en la coupant de la mémoire. Cette leçon, tout Prince qui choisit de faire violence à l'esprit de sa nation pour ne suivre que sa voix intérieure et ses propres inclinaisons finit par l'apprendre à ses dépens.

De la maîtrise de soi entendue comme principe de vie et de gouvernement

Kharillos régna sur Sparte au IXe siècle avant notre ère. À l'un de ses esclaves qui se conduisait fort insolemment à son égard, il dit : « Par les dieux, je t'aurais tué si je n'étais pas en colère. » Si je n'étais pas en colère...

De fait, pour les Anciens, la colère ne différait de la folie que par sa durée. Pensons à César Auguste : son maître Athénodoros de Thrace ayant sollicité de lui la permission de quitter Rome et de se retirer chez lui vu son grand âge, il y consentit d'abord ; mais quand, prenant congé de lui, Athénodoros lui fit cette recommandation : « Lorsque tu seras en colère, César, ne dis et ne fais rien avant que tu n'aies répété en toi-même les vingt-quatre lettres de l'alphabet », Auguste, lui saisissant la main, lui dit : « J'ai encore besoin de ta présence », et il le retint auprès de lui toute une année.

C'est d'ailleurs ce même César Auguste (lequel,

plus que tout autre grand Prince, aura sans doute su marier en lui les qualités du Roi-magicien avec celles du Prêtre-juriste) qui, ayant entendu qu'Alexandre le Grand, à l'âge de trente-deux ans et après s'être rendu maître de la plus grande partie du monde, se demandait ce qu'il ferait le reste de sa vie, se montra surpris qu'il n'eût pas considéré comme une plus grande tâche d'organiser un si vaste empire que de le conquérir.

C'est dire que, pour le Prince, la retenue, la maîtrise de soi, ne vaut pas que face à la colère : elle vaut face à toutes les pulsions irraisonnées qui le pousseraient à la démesure, à l'*hubris*. « Rien de trop », *mêdèn ágan*, telle est une autre devise qui ornait le temple d'Apollon à Delphes. Tout ce qui est de trop, ce qui n'est pas nécessaire et relève de ce fait du luxe et du superflu – des guerres qu'on mène sous l'emprise de la colère ou lorsqu'on est rongé par l'ambition, à l'accumulation effrénée de richesses à laquelle on se livre par avidité et cupidité, en passant par ces événements grandioses qu'on met en scène par vanité –, tout cela porte en lui les germes de la démesure.

Fût-elle une guerre, écrivait Machiavel, une chose est juste si elle est nécessaire. Mais on pourrait retourner, n'est-ce pas, l'argument du maître, et dire qu'il s'ensuit que tout ce qui n'est pas nécessaire est nécessairement injuste. Et c'est précisément à cette aune, de ce qui est juste et de ce qui ne l'est pas, que se juge la démesure. Tuer pour se protéger et protéger les siens, voilà qui pourrait être juste. Tuer pour subjuguer autrui ou s'approprier ses biens, voilà qui est injuste et relève de la démesure.

« Conserver vos possessions et droits, voilà, conseillait Sun Tse au Prince, quel doit être le premier de vos soins : les agrandir en empiétant sur les ennemis, c'est ce que vous ne devez faire que lorsque vous y serez forcé[1]. » Agésilas, que je citais tantôt, aimait à dire pour sa part qu'il était plus important de préserver sa propre liberté que de l'ôter à autrui. Et l'un de ses successeurs, Léon[2], à quelqu'un qui lui demandait dans quel pays il fallait habiter pour y vivre en toute sécurité, avait répondu : « Là où les habitants ne posséderont jamais ni trop ni trop peu. » Ni trop ni trop peu… Quant au héros de guerre romain Marius Curius Dentalus[3], comme certains lui reprochaient de n'avoir distribué à chacun qu'une petite partie du territoire conquis et d'avoir fait de ce dernier, pour l'essentiel, un domaine public, il exprima le souhait « qu'il n'y eût aucun Romain pour juger trop petite une terre qui le nourrissait ».

On aura compris, j'espère, que si je recommande au Prince d'exercer en tout la maîtrise de soi afin de ne jamais verser dans la démesure, ce n'est pas pour des considérations purement éthiques. Non, si j'y insiste,

1. *Treize Articles*, article 3.
2. Roi agiade de Sparte de la fin du VIIe siècle av. J.-C.
3. Consul romain du IIIe siècle av. J.-C.

c'est parce que dans un monde où les événements s'accélèrent, se bousculent, se heurtent et se multiplient, la maîtrise de soi rend justement possible la maîtrise des événements.

Dans *La Créüside*, version moderne de *L'Énéide* que Virgile composa à la gloire de César Auguste, Magda Szabó[1] donne la parole à Latinus, roi du Latium, lequel se plaint en son for intérieur de ce que les dieux l'aient contraint à rompre les fiançailles de sa fille Lavinia avec son voisin, le Rutule Turnus le Vigoureux, pour la donner en mariage à Énée, fils de Vénus, qui devait débarquer en Italie venant de Troie et qui était destiné à poser dans le Latium les fondements de ce qui deviendrait le plus grand empire que le monde ait connu. « À quoi bon, se lamente Latinus, faire du Latium un immense empire ? Qu'est-ce qu'un domaine si vaste que son maître ne peut le parcourir ? Un Prince doit connaître chaque troupeau, chaque parcelle, il doit savoir à quoi telle terre est bonne, où il faut essarter, où conserver la forêt, il ne peut cultiver qu'une terre à sa mesure… »

Ainsi se lamentait le bon Latinus à l'idée que sa fille avait été élue par le destin pour engendrer une race impériale. Et, de fait, que d'événements les Latins, les Italiens et le reste de l'humanité ne se seraient-ils pas épargnés si les dieux, au lieu de s'amuser avec nous,

1. Virgile, poète romain qui vécut de l'an 70 à l'an 19 av. J.-C. sous César Auguste ; Magda Szabó, grand écrivain hongrois, 1917-2007.

nous tentant, nous poussant au bout de notre logique et nous menant ainsi à notre perte, avaient laissé Lavinia, fille de Latinus, épouser Turnus le Rutule, plutôt qu'Énée. Je cite, au hasard : la transformation de la future République romaine en un empire pris en otage par une soldatesque faisant et défaisant les empereurs à son gré, la folie meurtrière et les excès sanguinaires d'un Commode, d'un Néron, d'un Caligula ou d'un Tibère, l'assassinat d'Archimède, tué à Syracuse par un soldat romain, la destruction de Jérusalem par les légions de Rome, la guerre des Gaules qui aura fait un million de morts pour assouvir les rêves de puissance et de gloire d'un seul homme, Jules César, pour ne rien dire de tous ceux, de par le monde, qui cherchèrent depuis et cherchent encore aujourd'hui, en provoquant des événements, à ressembler coûte que coûte à ce dernier. Tous événements, on le voit, qui sont enfants de la démesure.

Du jour où, cédant à ses instincts et ses pulsions – à sa soif de gloire, de renommée, de puissance, de richesses, d'immortalité –, le Prince tombe dans la démesure, il ouvre grand la boîte de Pandore des événements. Or, comme je pense l'avoir tantôt montré, dès lors qu'il le fait, il ne peut plus espérer contrôler l'infinie chaîne des événements induits par l'événement premier qu'il aura provoqué. Et si même la Fortune devait lui être au départ favorable, capricieuse qu'elle est, tôt ou tard elle finit par tourner. Au contraire, si le Prince applique le principe de maîtrise de soi à chacune de ses actions, la déferlante des événements s'en trouvera freinée puis calmée, les mécontents et les ambitieux ne pourront plus s'en servir contre lui, et il pourra demeurer maître de sa destinée.

Le Prince ne faisant au demeurant qu'un avec son peuple, non seulement il devrait exercer en tout la maîtrise de soi, mais il devrait aussi inciter ceux qu'il gouverne à en faire de même.

Il y a de cela plus de deux mille ans, Caton l'Ancien[1], s'en prenant publiquement à la prodigalité et au luxe qui se répandaient alors à Rome comme une tache d'huile, disait déjà en parlant du peuple qu'il était impossible de faire entendre raison à un ventre qui n'avait pas d'oreilles. *A fortiori* aujourd'hui, dans notre société de consommation, d'émulation et de compétition, quand, mus par une avidité insatiable, une envie sans borne et une vanité illimitée, nous ne savons plus distinguer entre ce qui est nécessaire et ce qui est superflu (ce qui est juste, donc, et ce qui ne l'est pas) et, tels un gros ventre sourd, dévorons de manière inconsidérée biens matériels (richesses, possessions) mais aussi biens culturels (spectacles, loisirs, voyages, données de savoir).

Incitant ses concitoyens à la mesure en tout, le Prince évitera cependant de le faire par la coercition ou par la législation puisque la coercition, comme

1. Marcius Porcius Caton, consul romain, 234-149 av. J.-C.

la législation, ne ferait qu'ajouter au nombre des événements possibles qu'il cherche à réduire. Il le fera donc uniquement par l'exemple et par l'éducation.

L'exemple d'abord. Il y a de cela quelques années, dans un pays d'Europe, on avait pu voir un homme politique marteler lors d'une tournée électorale que c'était uniquement par le travail, l'effort et le mérite, qu'on avançait dans la vie. Après quoi il s'en était allé dans un café où il avait acheté un billet de loterie sous l'œil des journalistes et des caméras de télé. C'était certes un tout petit billet, qui ne coûtait pas plus d'une pièce de monnaie, mais ce n'en était pas moins un billet pour un jeu de hasard, acheté à la légère par un homme qui rêvait d'être Prince et qui venait de faire l'éloge du travail. C'est à se demander s'il se rendait alors compte de son incohérence : exhorter ses concitoyens à s'en remettre à la Raison pour avoir une vie meilleure, puis, l'instant d'après, les encourager par l'exemple à placer tous leurs espoirs dans la Fortune.

L'éducation ensuite. Les Anciens avaient bien compris, eux, l'importance de l'éducation, tout comme ils avaient compris qu'on ne résout jamais rien en multipliant les textes juridiques et les lois écrites. Lorsque le Scythe Anacharsis apprit qu'à Athènes Solon légiférait à tour de bras, il se moqua de lui en ces termes : « Tu penses, Solon, pouvoir réprimer l'injustice et la cupidité de tes concitoyens par des lois écrites. Mais celles-ci ne diffèrent en rien des toiles d'araignée : elles garderont captifs les plus petits et les plus faibles, mais les grands et les puissants les déchireront. » Contrairement à Solon, Lycurgue, le grand législateur de Sparte, ne s'y était pas trompé, lui qui avait formellement interdit qu'on couchât ses lois par écrit, les prescriptions les plus importantes pour assurer le bonheur et la vertu à une Cité devant à son avis être solidement enracinées dans les mœurs et l'éducation des citoyens[1].

Et tout comme Athénodoros de Thrace conseillait jadis à César Auguste de ne rien dire et ne rien faire lorsqu'il serait en colère, avant qu'il n'ait répété en lui-même les lettres de l'alphabet, de même le Prince avisé s'efforcera-t-il de recommander à ses concitoyens, lorsqu'ils seraient sous le coup d'une soudaine envie ou pulsion, de ne rien dire ni entreprendre avant de s'être répété en eux-mêmes les lettres de l'alphabet.

Cette recommandation s'appliquera d'ailleurs autant à l'expression d'une opinion ou d'un sentiment qu'ils pourraient trop vite vouloir rendre public parce que les télécommunications sont banalisées, qu'à un voyage ou déplacement qu'ils envisageraient de faire uniquement parce que les transports sont aisés et bon marché, ou à l'achat d'un bien matériel ou culturel

1. Anacharsis était un philosophe scythe des VIIe et VIe siècles av. J.-C. comptant parmi les Sept Sages de l'Antiquité ; Solon était un homme d'État et un législateur athénien de la même époque ; Lycurgue est le législateur légendaire de Sparte, antérieur, en tout cas, au IXe siècle av. J.-C.

que les innombrables dragues et bonimenteurs les presseraient d'acheter alors qu'ils pourraient fort bien s'en passer (dans la respectable ville de Weimar, j'ai même vu une effigie de Goethe, dont le *Werther* avait fait l'objet du premier grand merchandising à succès des temps modernes, interpeller les passants d'un geste comminatoire, les poussant à entrer dans un centre commercial pour y consommer).

Ainsi le Prince pourra-t-il espérer mieux maîtriser les événements par la maîtrise que chacun exercera sur soi.

Mais je vois que certains, lisant ces lignes, se disent, non sans une pointe de sarcasme, que c'est là une invitation à ne jamais rien entreprendre, à vivre dans la médiocrité, et à demeurer obscur et anonyme à tout jamais. Et notre renommée, alors ? Et notre palmarès, pour ne pas dire notre tableau de chasse ? Et nos statues sur les places ? Et les chants à notre gloire ? Et notre nom dans les livres d'histoire ? Peut-il y avoir, me diront-ils, quelque grandeur que ce soit sans un brin de démesure ?

À ceux-là, je ne répondrai pas que, *vanitas vanitatum, omnia vanitas*, tout est vanité, et toute renommée éphémère. Je serais au demeurant mal placé pour ce faire, moi qui écris sans doute poussé par la vanité. Je me contenterai de leur dire qu'un Prince vertueux ne devrait pas s'efforcer de faire à tout prix de grandes choses, mais qu'il devrait s'évertuer à faire tout ce qu'il se doit de faire à la perfection.

Sur une épitaphe spartiate, on pouvait lire ces mots : « Ceux qui sont tombés ici croyaient que la Beauté ne vient pas de la vie [comme pourrait le croire le commun des mortels], pas plus que de la mort [comme pourraient le penser ceux qui ne rêvent que de gloire], mais de la perfection qui est donnée à l'une comme à l'autre. » Dès lors, en effet, qu'elles sont bien faites, dès lors qu'elles sont parfaites, les choses deviennent grandes d'elles-mêmes. Elles deviennent grandes, sans qu'on ait à y ajouter quelque démesure que ce soit.

Quant à ceux que mes mots n'auront toujours pas convaincus et qui, quitte à verser dans la démesure, voudraient coûte que coûte avoir un monument à leur effigie sur la place publique (qu'il soit réel ou symbolique), je rappellerai, pour calmer leurs ardeurs, ce mot cinglant du même Caton que j'évoquais tantôt et qui, voyant qu'on élevait à Rome des statues d'un grand nombre d'hommes, avait dit : « En ce qui me concerne, j'aime mieux que les gens posent la question de savoir pourquoi Caton n'a pas de statue, que pourquoi il en a une. »

Et comme, contrairement au Prince chinois qui avait jadis interdit à ses sujets la navigation hauturière, je ne crois ni aux vertus de la coercition ni à celles de la législation, je me contenterai de leur souhaiter bon vent, tout en leur recommandant, avant d'embarquer, en quête de puissance et de gloire, sur la mer houleuse des événements, de ne point oublier de régler leurs pulsions en fonction de leurs forces, précisément comme, nous dit Plutarque, les marins tendent les voiles en fonction du vent.

Postface

Voilà ce que j'avais à dire aujourd'hui de ce que la vie m'aura appris de la pratique du pouvoir dans les heurs comme dans les malheurs, de l'usage le plus noble que le Prince pourrait en faire, et de la meilleure façon qu'il aurait de se préserver et de préserver les siens du plus grand des périls, à savoir, les événements. Événements qui, par leur nombre et leur poids toujours croissants, nous empêchent de distinguer clairement ce qui est vrai changement, et qui est donc inévitable, de ce qui n'est que vain mouvement et dont on devrait pouvoir faire l'économie.

J'avais commencé mon propos en disant vouloir dédier cet ouvrage consacré au meilleur exercice du pouvoir à tous ceux, si humbles et si obscurs soient-ils, qui auraient des yeux pour voir, des oreilles pour entendre, du cœur pour trancher et du sang-froid pour ne point s'emporter. J'avais alors exprimé le souhait qu'ils puissent y trouver matière à réflexion et invitation à la justesse de l'action, de manière à ce que chacun d'entre eux soit un Prince parmi les siens. J'aimerais à présent ajouter à cela un souhait supplémentaire : qu'ils aient pu trouver dans mes propos de quoi les inciter à être, avant tout, des Princes sur eux-mêmes. Tant il est vrai qu'il n'est de véritable Prince que celui qui, excellant dans l'art suprême de la connaissance et de la maîtrise de soi, exerce en premier son pouvoir princier sur lui-même.

Et à présent, à chacun d'entre eux où qu'il soit – dans un ministère, à l'hôtel de ville, dans une caserne, dans un commissariat, à l'usine, à la mine, aux champs, derrière un guichet ou un étal, dans une salle de rédaction, sur un plateau de télévision, dans un hôpital, une cité de banlieue, une école de quartier, une cellule de prison ou chez lui et en famille –, à tous sans exception je dis : Salut à toi, Prince.

Retrouvez *Le Prince* sur
www.prince-percy-kemp.com

Table

RÉALISATION : PAO ÉDITIONS DU SEUIL
IMPRESSION : CORLET, IMPRIMEUR S.A. À CONDÉ-SUR-NOIREAU
DÉPÔT LÉGAL : FÉVRIER 2013. N° 109886 (152635)
Imprimé en France